Steiler Aufstieg – freier Fall

Dresdens Industrie-geschichte nach 1945

Dresdner Hefte
34. Jahrgang, Heft 128, 4/2016

Herausgegeben vom
Dresdner Geschichtsverein e.V.
Gesamtredaktion
Justus H. Ulbricht

Inhalt

Vorbemerkungen

Dass Stadtgeschichte immer auch Wirtschaftsgeschichte ist, klingt banal, muss im Rückblick auf Vergangenes wie im Bewusstsein der Gegenwart im Detail jedoch erst aufgezeigt und verstanden werden. In den Augen der Öffentlichkeit allerdings gilt die Industrie- und Wirtschaftsgeschichte gemeinhin als Feld für Spezialisten. Woran das liegt, bleibt unklar, denn letztlich ist jedes Gebiet der Geschichts- und Kulturwissenschaften eines für Fachleute. Doch es könnte ja sein, dass das Publikum Technik, Ökonomie, Handel- und Warenverkehr sowie die Ingenieurswissenschaften für gesellschaftliche Praxen hält, bei denen »Laien« kaum mitreden können, es sei denn, diese wären beruflich in eben diesen Feldern zu Hause. Dagegen haben die allgemeine Geschichte und die Kulturgeschichte oftmals das Problem, dass jeder mitreden zu können glaubt.

Unser neues Heft soll die Leser aber genau dazu, also zum Mitreden und Nachdenken, anregen. Denn wir halten die Industriegeschichte für ein Thema von großer lokalhistorischer und gesellschaftspolitischer Relevanz. Im Wandel des industriellen Sektors, in den Veränderungen von Wirtschaft und Wissenschaft, bilden sich umfassende gesellschaftliche Wandlungsprozesse ab. Technische Innovationen verdanken ihre Existenz nicht nur dem Erfindergeist von Ingenieuren und Wissenschaftlern, sondern auch staatlicher Förderpolitik sowie dezidiert politischen Interessen. Wandel und Wachstum sind in der Regel – zumindest teilweise – gesteuerte Prozesse, gehorchen den Imperativen des Sachzwangs, des ökonomischen Wettbewerbs und bestimmten Planungsphantasien der Politik.

Dresdens industriell-technische sowie seine wissenschaftliche Infrastruktur kennen im 20. Jahrhundert zwei radikale Zäsuren. Am Ende des Zweiten Weltkriegs lagen große Teile der Stadt in Trümmern, Hunderttausende Flüchtlinge waren zusätzlich zu versorgen. Kriegsschäden, Bevölkerungsverluste und Ressourcenmängel aller Art beeinträchtigten die lokale Wirtschaft massiv. Hatte man ab 1939 einen Großteil der Wirtschaftsbetriebe den Zwängen der Kriegswirtschaft unterworfen, so galt es nach 1945, diese Prozesse zum großen Teil rückgängig zu machen. Besatzungsherrschaft und Reparationsleistungen erschwerten den Neustart; zugleich griffen immer stärker planwirtschaftliche Lenkungsabsichten und -praxen ins ökonomische Geschehen ein. Der Prozess der schleichenden Ausdünnung des privatwirtschaftlichen und unternehmerischen Sektors begann bereits in den ersten Nachkriegsjahren, beschleunigte sich nach 1949 und erlebte seinen Höhepunkt in den frühen 1970er Jahren. Zugleich setzte die DDR-Führung auf wachsenden Wohlstand, technische Innovationen und wissenschaftlichen Fortschritt, um die Bedürfnisse der Bevölkerung ebenso zu befriedigen wie die Rolle des sozialistischen deutschen Staates im internationalen Wettbewerb. Großkombinate gehören gleichermaßen in diesen Zusammenhang wie neu geplante Stadtviertel und Wohnungsbauprojekte.

Im Jahre 1989 war dann das Ende der »Kommando«- und Planwirtschaft gekommen. Nun galt es, den Usancen, Risiken und Zwängen der hocheffizienten, schwer kalkulierbaren und anfangs unbekannten Ökonomie westlicher Prägung standzuhalten und sich am Markt zu behaupten. Die DDR war Vergangenheit (nicht jedoch lebensgeschichtlich, mentalitär oder ökologisch), die Zukunft schien offen zu stehen – doch die verhießenen »blühenden Landschaften« wuchsen nicht so schnell wie manche Enttäuschungen über den Wandel. Zugleich aber stellten sich beachtliche Erfolge unternehmerischen und wirtschaftspolitischen Handelns ein, die jedoch Konjunkturen und Fremdbestimmungen unterworfen blieben.

Die hier versammelten Beiträge versuchen, die Wirtschaftsgeschichte unserer Stadt, der umgebenden Region, wie in einzelnen Aspekten auch ganz Sachsens, uns Heutigen transparent und verständlich zu machen. Umfassend ist dieser Blick nicht, aber präzise, anschaulich und hochinteressant. Wir werden Zeugen von Erfolgen und Abstürzen, kalkulierten Wagnissen und unkalkulierbaren Risiken, klugen politischen Entscheidungen, unternehmerischen Leistungen und Erfolgsgeschichten. Letztere ruhen auch auf den Schultern zahlreicher Ingenieure, Wissenschaftler, Techniker, Gewerbetreibender und Arbeiter, deren Namen in der Regel unbekannter sind als die bestimmter Protagonisten, Produkte und Firmen.

Wer die Dresdner Wirtschaftsgeschichte der letzten 70 Jahre als Erfolgsgeschichte versteht, wird sich an diese Menschen erinnern (müssen). Dies Dresdner Heft ist eine Einladung dazu.

Dr. Justus H. Ulbricht

Winfrid Halder

»Auch die Linkesten beginnen ängstlich zu werden«

Industrieller Neubeginn in Dresden nach 1945

Die Besetzung Dresdens durch Einheiten der Roten Armee am 8. Mai 1945 sowie die mit deren Hilfe sehr schnell begonnene Wiedererrichtung einer öffentlichen Verwaltung unter der Kontrolle eigens ausgewählter und im Moskauer Exil vorbereiteter KPD-Funktionäre ist bereits eingehend untersucht und detailliert dargestellt worden.[1] Dabei zeichnete sich rasch ab, dass Dresden auch Sitz einer von denselben Akteuren installierten neuen Landesverwaltung für ganz Sachsen werden würde; wie gehabt würden also von hier aus die politischen Weichen für das ganze Land gestellt werden. Mehr noch: Insbesondere die in Dresden getroffenen wirtschaftspolitischen Grundsatzentscheidungen sollten, da der überragende Stellenwert speziell der sächsischen Industrie für die gesamte Sowjetische Besatzungszone (SBZ) auf der Hand lag, Modellcharakter mindestens für das ganze sowjetische Besatzungsgebiet haben.[2]

Neben der Innen- sollte folglich auch die neu aufzubauende Wirtschaftsverwaltung unter kommunistischer Kontrolle stehen. Die KPD-Heimkehrer – in Dresden waren Hermann Matern und Kurt Fischer die Schlüsselfiguren – standen dabei allerdings von Beginn an vor gravierenden Problemen. Einerseits sollte gemäß der in Moskau festgelegten vorläufigen Taktik der »Blockpolitik« nach außen hin der Schein einer echten Beteiligung auch nichtkommunistischer politischer Kräfte gewahrt werden. Schwieriger noch war andererseits die extreme »Kaderknappheit« der Kommunisten zu bewältigen. Die KPD-Führung wurde erstmals in ihrer Geschichte in die Lage versetzt, umfassend Personalpolitik für die wichtigsten staatlichen Schaltstellen zu betreiben – und verfügte zugleich kaum über solche Personen, die sie für »zuverlässige Genossen« hielt.

So war es keineswegs nur in dem Bestreben Materns und Fischers begründet, die machtpolitischen Intentionen ihrer Partei einstweilen mit dem Nebel der vordergründigen »Blockpolitik« zu verschleiern, dass sie bei der Bildung der Landesverwaltung Sachsen (LVS) im Juni/Juli 1945 zuließen, dass ein Sozialdemokrat das Wirtschaftsressort übernahm. Richard Woldt brachte indes für die Position des »Vizepräsidenten« für Wirtschaft hervorragende Voraussetzungen mit: Er stammte aus einer Arbeiterfamilie, hatte selbst zunächst Erfahrungen als Fabrikarbeiter gesammelt, sich dann zum Ingenieur weitergebildet und betriebliche Leitungsfunktionen übernommen.

Früh in Gewerkschaft und sozialdemokratischer Partei engagiert, war Woldt von 1919 bis 1921 Abgeordneter des Preußischen Landtags gewesen und hatte sodann bis 1932 beträchtliche Erfahrungen in verschiedenen Positionen der preußischen Ministerialbürokratie gesammelt.[3]

Sehr bald begannen die in Dresden tätigen Kommunisten jedoch Woldt als Hindernis für ihre wirtschaftspolitischen Intentionen wahrzunehmen. Bei der förmlichen Installierung der LVS am 18. Juli 1945 hatte der von Matern und Fischer zu deren Präsidenten erkorene Sozialdemokrat Rudolf Friedrichs[4] eine vorsichtige Regierungserklärung abgegeben. Friedrichs führte aus: »Hitler hat auch in der Wirtschaft ein Trümmerfeld hinterlassen. Im Zusammenhang mit den Räumungsaktionen der industriellen Betriebe durch die Besatzungsbehörde wird es darauf ankommen, die Produktion umzuschalten und mit den Fragen der Unterbringung ihrer Arbeitskräfte fertig zu werden. Die Rüstungsmaschinerie Hitlers ist zu beseitigen, und es ist eine Friedensproduktion aufzubauen, die sich den neuen Forderungen des Bedarfs anzupassen vermag.«[5] Ferner plädierte er dafür, für die kleinen und mittleren Betriebe die freie Unternehmerinitiative zu gewährleisten.[6]

Friedrichs deutete einerseits mit dem vermutlich bewusst nebulös gehaltenen Begriff der »Räumungsaktionen« seitens der Besatzungsmacht ein zentrales Problem lediglich an, nämlich das der Demontagen. Auf diese wird zurückzukommen sein. Andererseits war für den Präsidenten der LVS offenbar klar, dass zumindest hinsichtlich der Masse der Betriebe in Sachsen das Eigentumsrecht nicht in Frage gestellt war. Außerdem zielten Friedrichs' knappe Aussagen, wie es scheint, zumindest auf eine teilweise Wiederherstellung marktwirtschaftlicher Mechanismen. Richard Woldt hat gewiss die von Friedrichs umrissene Grundausrichtung der Wirtschaftspolitik der neuen Landesverwaltung mitgetragen. Woldts eigene Intentionen bleiben indes schwer fassbar, auch angesichts der Kürze seiner Amtszeit. Klar ist jedoch, dass die von Friedrichs skizzierte, zumindest einstweilen keine fundamentalen Eingriffe in das Eigentumsrecht in Aussicht stellende wirtschaftspolitische Linie nicht den Vorstellungen der kommunistischen Funktionäre in Dresden entsprach. Die KPD hatte bis dahin nie ein ausgeprägtes Wirtschaftsprogramm entwickelt; zu den ideologisch determinierten Grundüberzeugungen der Kommunisten gehörte jedoch die Vorstellung, dass das Privateigentum an den Produktionsmitteln die Wurzel allen Übels, der Ursprung der »Ausbeutung« von Menschen durch Menschen sei. Wäre es also durch Enteignung beseitigt und in »Volkseigentum« umgewandelt, würden sich alle sonstigen ökonomischen Probleme gewissermaßen von selbst lösen. Dementsprechend sahen ihre Grundvorstellungen auch nach der Installierung an den Schalthebeln der Macht in der SBZ 1945 aus. Zwar war vorderhand noch taktisch bedingte Zurückhaltung das Gebot der Stunde – die Richtung aber war eindeutig.[7] Und zu dieser Richtung passten weder die Vorstellungen von Friedrichs noch die von Woldt.

Wie klar und ausgeprägt diese Vorstellungen auch immer über die von Friedrichs formulierte Linie hinaus gewesen sein mögen, der Wirtschaftsressortchef stand allemal

Marienbrücke, 1946. Werbung für das »Ja« zur Enteignung von Großgrundbesitzern und Kriegsverbrechern

vor einem Berg von Problemen. Die Kriegszerstörungen, die in Betrieben und in der sächsischen Infrastruktur entstanden waren,[8] die weithin unterbrochenen Kommunikationskanäle, die weggebrochenen staatlichen und kommunalen Organisationsstrukturen, das Fehlen von Fachpersonal, der gewaltige Zustrom von Flüchtlingen und Vertriebenen, all dies war einstweilen kaum überblick-, geschweige denn genauer einschätzbar. Dass Woldt daher zunächst darauf abzielte, eine umfassende Bestandsaufnahme des Ist-Zustandes der Wirtschaft in Sachsen vornehmen zu lassen,[9] erscheint logisch. Allerdings waren der Wirtschaftsressortchef und mit ihm der Rest der Landesverwaltung schon drei Tage nach ihrer Einsetzung unter erheblich verstärkten Druck geraten. Die ihrerseits gerade erst geschaffene Sowjetische Militäradministration in Deutschland (SMAD), die ihren Dresdner Ableger mit 2 500 bis 3 000 Angehörigen hatte,[10] griff mit ihrem Befehl Nr. 9 vom 21. Juli 1945 tief in das wirtschaftliche Geschehen ein. Der Befehl ordnete »zwecks Entfaltungsbeschleunigung der Wirtschafts- und Industriebetriebe« eine ganze Reihe von Maßnahmen an, für deren Durchführung die ebenfalls neu geschaffene deutsche Wirtschaftsverwaltung verantwortlich gemacht wurde. So war dafür zu sorgen, dass diverse Grundstoff- und Energieproduktionen, aber auch Lebensmittel- und Textilherstellung bis hin zur Leder- und Schuhindustrie wieder in Gang gesetzt wurden. Darüber hinaus sollten bis zum 10. August 1945 alle vorhandenen Vorräte an Roh- und Brennstoffen sowie Halbfabrikaten erfasst und den zuständigen Abteilungen der SMAD gemeldet werden.[11]

Dieser Befehl Nr. 9 war mithin ein bezeichnendes Beispiel für die Mentalität der Militäradministration: in Befehlsform gegossenes Wunschdenken, dessen primäres

Ziel die Befriedigung – berechtigter – sowjetischer Reparationsinteressen war. Da die sowjetischen Instanzen zugleich mit Verhaftungen und drakonischen Strafen alles andere als zimperlich waren, wenn sie den Eindruck gewannen, dass ihren Befehlen nicht umgehend Folge geleistet wurde,[12] entstand für die Verantwortlichen in der Wirtschaftsverwaltung rasch eine Drohkulisse, die sie Überlebenstaktiken entwickeln ließ. Deren Grundsatz kann in etwa so zusammengefasst werden: melden, was erwartet wird, jedenfalls vordergründig. Der Bericht zum Zustand der sächsischen Wirtschaft, den das Dresdner Wirtschaftsressort Ende Juli 1945 vorlegte, beruhte – in der Hauptsache – auf Zahlen von 1933 und 1939! Die lagen als Ergebnisse entsprechender statistischer Erfassungen vor. Als Ist-Zustandsbeschreibung von 1945 waren sie indes natürlich kaum tauglich, da einerseits die im Rahmen der kriegswirtschaftlichen Umstellungen seit 1939 erfolgten Veränderungen nicht enthalten sein konnten. Gleiches gilt selbstverständlich für seither eingetretene Kriegsschäden.

Andererseits war es einfach unmöglich, diesen Ist-Zustand zu erfassen – und zwar nicht allein wegen der bereits mehrfach angeschnittenen Kommunikationsdefizite, sondern auch, weil sich dieser Ist-Zustand unausgesetzt veränderte, gewissermaßen von Tag zu Tag. Und dies auf Geheiß eben derselben Besatzungsmacht, die die Bestandserfassung anordnete und ihr mit Strafandrohungen Nachdruck verlieh. Denn die sowjetischen Demontagekommandos zogen durch das Land, vollführten die von Rudolf Friedrichs erwähnten »Räumungsaktionen«, hatten untereinander nicht unbedingt Kontakt und Informationsfluss, da sie im Auftrag unterschiedlicher Moskauer Ministerien unterwegs waren, waren nicht gehalten, die SMAD über ihre Tätigkeit zu unterrichten, da sie dieser nicht unterstellt waren – und kommunizierten schon gar nicht mit der deutschen Verwaltung.[13] Plakativ formuliert: Ein Betrieb, der heute ins Dresdner Wirtschaftsressort soundsoviel Produktionskapazität meldete, konnte am nächsten Tag ohne Maschinen dastehen. So blieben – wenig überraschend – die Aussagen im Bericht des Wirtschaftsressorts von Ende Juli 1945 zur tatsächlichen gegenwärtigen Lage vage, allerdings ein wenig versteckt hinter einer Fülle von Zahlen, die sämtlich aus der Vorkriegszeit datierten. Und die Anzahl der angegebenen 80 demontierten Betriebe in ganz Sachsen war zum Zeitpunkt der Abgabe des Berichts längst Makulatur.[14]

Darüber hinaus kamen im Zeichen des Strebens der staatlichen und der Besatzungsinstanzen nach verlässlichen Daten sehr schnell Mechanismen in Gang, die die spätere Planwirtschaft bis zu ihrem endgültigen Scheitern mit kennzeichnen sollten. Denn die Verantwortlichen in den Betrieben mussten ja den Willen – und auch die Risikobereitschaft – haben, ein tatsächlich zutreffendes Bild ihrer Produktionsressourcen zu liefern. Dass auf dieser Grundlage dann entsprechende Anforderungen an sie gestellt werden würden, lag auf der Hand. Dass dabei vielfach »Sicherheitsmargen« einkalkuliert wurden, um auch wirklich die Anforderungen erfüllen zu können, um sich gegen etwaige Probleme wegen Minderleistungen abzusichern, lag nahe. Das Phänomen der »weichen Pläne« trat nicht erst nach der Gründung der DDR auf.[15]

Dass rückschauend betrachtet die kurze Amtszeit von Richard Woldt im Dresdner Wirtschaftsressort trotz der vielen drängenden Probleme den Eindruck einer merk-

Marlenbrücke, 1946.
Ein weiteres »Ja« zur Enteignung

würdigen Passivität erweckt, nimmt im Grunde nicht wunder. Woldt stand vermutlich eines vor allem im Weg: seine Kompetenz. Mit seinem Erfahrungsschatz vermochte er gut einzuschätzen, dass das weitere wirtschaftspolitische Vorgehen nicht auf verlässlichen Grundlagen beruhen konnte, solange nicht die Voraussetzungen für eine realistische ökonomische Nachkriegsbilanz geschaffen waren. Und das bedeutete, dass einerseits genug Zeit für die Erfassungsbestrebungen eingeräumt werden musste, und dass, wichtiger noch, die Besatzungsmacht ihr Reparations- und insbesondere Demontagegebaren wenigstens kurzzeitig wesentlich ändern musste, am besten einen vorläufigen Demontagestopp anordnete – um später auf der Basis auch ihr nutzbarer verlässlicher Daten gezielter und systematischer und vor allem für die deutsche Wirtschaftsverwaltung kalkulierbarer fortzufahren.

Gerade dies aber ist nicht geschehen. Natürlich gab es zu dieser Zeit äußerst drängende kriegsbedingte Notlagen in der Sowjetunion, deren Linderung auf Kosten des besiegten Kriegsgegners, der den Krieg begonnen und mit größter Rücksichtslosigkeit und Brutalität auf sowjetischen Boden geführt hatte, legitim erschien und erscheint. Zugleich aber das Ziel einer maximalen Erbringung von Reparationsleistungen zu verfolgen und eigene »Verbündete« – nämlich die deutschen Kommunisten – mit der Aufgabe eines möglichst raschen und effizienten Wiederaufbaus der deutschen Wirtschaft zu beauftragen, nicht zuletzt um das »deutsche Proletariat« zu gewinnen, das passte einfach nicht zusammen.

Den deutschen Kommunisten, die sich in diese zwiespältige Zwangslage versetzt sahen, wurde mit Blick auf ihr Vertrauen in die weise Führung durch die Moskauer Führung um Josef Stalin wirklich alles an Glaubensbereitschaft abverlangt, was sie aufbringen konnten. Daher waren ja für die Exilheimkehrer wie Matern und Fischer, deren unbedingte Unterwerfung unter die Moskauer Vorgaben schon durch ihr schieres Überleben in der Sowjetunion dokumentiert war, für den anstehenden Systemumbau nur vollkommen verlässliche Genossen brauchbar. Einen kritischen sozialdemokratischen Bedenkenträger wie Richard Woldt mussten sie im hochbedeutsamen Wirtschaftsressort rasch wieder loswerden.

Sie suchten und fanden die personelle Alternative in Fritz Selbmann.[16] Dieser war beileibe kein Dummkopf. Vielmehr gebietet rückschauend der stupende autodidaktische Eifer, den Selbmann auch unter sehr schwierigen äußeren Bedingungen an den Tag legte, Respekt. Der eifrige Leser Selbmann, der viel später seine Tage als freier Schriftsteller beschließen sollte, war, als ihn der Ruf in das Dresdner Wirtschaftsressort ereilte, alles andere als erbaut. Einerseits wollte er lieber in Leipzig bleiben, das ihm aus seiner Parteifunktion in der KPD aus der Zeit vor 1933 vertraut war. Dorthin war Selbmann aus eigenem Antrieb im Frühjahr 1945 zurückgekehrt – nachdem ihm im Chaos des Zusammenbruchs die Flucht aus der KZ-Haft in Flossenbürg gelungen war. Haft und Misshandlungen durch das NS-Regime hatten ihn in seinen politischen Überzeugungen nicht schwankend gemacht, wohl eher im Gegenteil.[17] Er selbst sah im Sommer 1945 seinen künftigen Platz in der Kultur- oder Bildungspolitik.[18]

Matern und Fischer aber brauchten einen zuverlässigen Genossen im Wirtschaftsressort. Für dessen Leitung brachte der gelernte Bergmann Selbmann anders als Richard Woldt wenig passend erscheinende Voraussetzungen mit. Selbmann hatte nach seiner Berufsausbildung im Ersten Weltkrieg Kriegsdienst leisten müssen. Danach war er nur kurz beruflich in den Bergbau zurückgekehrt, um rasch die Laufbahn eines hauptamtlichen KPD-Funktionärs einzuschlagen. Selbmann gehörte zu der Funktionärsgeneration, die unter der Führung Ernst Thälmanns seit 1924/25 leitende Parteiämter übernahm.[19] Thälmann aber stand für die rückhaltlose Unterwerfung der Partei unter Moskauer Vorgaben.[20] Dass sich an Selbmanns Parteitreue bis 1945 nichts geändert hatte, davon überzeugten Matern und Fischer sich persönlich.[21] Und hatten damit ihren neuen Mann für das Wirtschaftsressort.

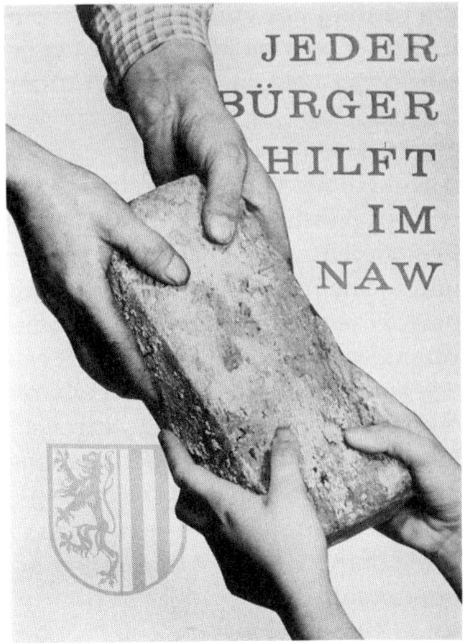

Zeitgenössische Werbung für das Nationale Aufbauwerk der DDR

Dem berühmten Chronisten der Dresdner Verhältnisse, Victor Klemperer, entging so wenig wie anderen Zeitgenossen das Vorgehen der Besatzungsmacht in Dresden. Neben der Installierung der neuen Verwaltungsstrukturen registrierte er durchaus auch sorgenvoll das rigide Demontagegeschehen, weil selbst dem ökonomischen Fragen ansonsten fernstehenden Romanisten nicht verborgen blieb, dass mit jeder »Räumungsaktion« der Besatzungsmacht in einem Betrieb der sächsischen Landeshauptstadt und darüber hinaus ein zusätzliches Wiederaufbauhindernis geschaffen wurde. Schon am 21. Juni 1945 notierte er: »Sie [die Sowjets] schlachten rücksichtslos das letzte Vieh der Bauern, unser deutscher Viehbestand wurde ausgerottet. Ebenso unbarmherzig und nur auf ihren eigenen Wiederaufbau bedacht sollen – das hörte ich von verschiedenen Seiten gleichartig – die Russen auch auf anderen Gebieten vorgehen: sie verpflanzen ganze Fabriken mit allen Maschinen […] nach Rußland, […] sie reißen auf wichtigsten Bahnstrecken die Schienen heraus, die ebenfalls nach Rußland wandern […]. Sie sind die erbarmungslosen Sieger.«[22] Und wenige Tage später, am 29. Juni 1945, heißt es bei Klemperer: »Die Russen als Sieger, die Unsicherheit der Zustände: sie verkleinern [das Kraftwerk] Hirschfelde, es fehlt Stunden über Stunden an Strom, sie bauen das Sachsenwerk aus, Koch & Sterzel usw. usw. Fabrik auf Fabrik wandert nach Polen und Rußland. Auch die Linkesten beginnen ängstlich zu werden.«[23]

Fritz Selbmann gehörte im Verständnis Victor Klemperers gewiss zu den »Linkesten«, ängstlich war er indessen nicht. Vielmehr hat er, seitdem er im September 1945 die Leitung des Wirtschaftsressorts in Dresden übernommen hatte, immer wieder bemerkenswerten Mut an den Tag gelegt. Er hat wiederholt versucht, insbesondere seitdem er bald nach seinem Amtsantritt als Wirtschaftsressortchef förmlich beauftragt worden war, ein System der Wirtschaftsplanung zu installieren, die Besatzungsmacht davon zu überzeugen, dass ihr Vorgehen gerade mit Rücksicht auf die deutschen Genossen und die Erfolgsaussichten von deren Handeln wenigstens berechenbar werden musste. Den Höhepunkt erreichten Selbmanns Bemühungen und auch seine Risikobereitschaft im Frühjahr 1947. In einer Situation, in der anderthalb Jahre lang unter seiner Verantwortung Wirtschaftsplanung in Sachsen versucht worden war – mit desaströsen Ergebnissen –, war Selbmann »ziemlich verzweifelt«.[24] Diese Verzweiflung veranlasste ihn, unter Bruch der »Parteidisziplin« – weil er die Berliner Parteiführung wie auch die SMAD-Instanzen überging – ein Memorandum direkt nach Moskau zu senden. Darin legte er die zentralen, in der Art und Weise der Durchführung der Reparationspolitik begründeten Schwierigkeiten der Wirtschaftsplanung ungeschminkt offen. Eine grundlegende Änderung des sowjetischen Gebarens hat Selbmann damit indes nicht erreicht.[25]

Mit der sowjetischen Reparationspolitik und der damit nicht in Einklang stehenden Anordnung, umfassende Wirtschaftsplanungsmaßnahmen ins Werk zu setzen, waren schon 1945 zwei wesentliche Richtungsentscheidungen für die Dresdner Wirtschaft und natürlich auch darüber hinaus gefallen. Der dritte Pflock wurde unter Fritz Selbmanns Verantwortung im Juni 1946 eingeschlagen: Der »Volksentscheid zur Enteignung der Betriebe der Kriegs- und Naziverbrecher« wurde in seinem Ressort federführend vorbereitet. Es ging darum, die großen Industriebetriebe Sachsens, soweit nicht längst die Besatzungsmacht ihre Hand auf diese gelegt hatte, zu enteignen und unter die direkte Kontrolle des Wirtschaftsressorts zu bringen. Was – wie die schon im Herbst 1945 vorangehende Bodenreform – nach außen hin als Bestrafungsaktion für die angeblichen Trägerschichten der NS-Diktatur (»Junker« und »Industriebarone« nach kommunistischer Lesart) propagiert wurde, war eigentlich ein kühl kalkulierter Zugriff auf ökonomische Ressourcen. Dieser hatte – wie Selbmann nichtöffentlich freimütig einräumte – mit dem konkreten individuellen politischen Verhalten der bisherigen Eigentümer in Bezug auf das nationalsozialistische Regime nichts zu tun. Ihre »Schuld« war in ihrer »Klassenzugehörigkeit« begründet, das reichte genau wie im Falle der »Junker«.[26]

Mit dem »Volksentscheid« wurde dem längst anvisierten und ideologisch determinierten Zugriff auf vorläufig nur den industriell wichtigsten Teilbereich des »Privateigentums an den Produktionsmitteln« ein scheindemokratisches Mäntelchen umgehängt. Die dabei von den deutschen Verantwortlichen mit Hilfe der Besatzungsmacht angewendeten Täuschungs- und Druckmanöver gegenüber den »Blockparteien« und der Bevölkerung sind an anderer Stelle hinlänglich untersucht worden.[27] Es reicht hier, festzuhalten, dass sich damit zunächst die Landesverwaltung Sachsen zum größten industriellen Konzernherrn der Sowjetischen Besatzungszone machte. Der direkte

Zugriff auf diese »Kommandohöhen der Wirtschaft« brachte jedoch keine grundlegende Verbesserung des Wirtschaftsplanungssystems. Einerseits hielt die Besatzungsmacht noch immer an ihrer bisherigen Reparationspolitik fest. Der Umstand, dass ein Betrieb in Landeseigentum überführt worden war, stellte keineswegs eine sichere Gewähr dafür dar, dass er von Demontageaktionen verschont blieb. Und die direkt von der Besatzungsmacht für sich beanspruchten Großbetriebe – die später in »Sowjetische Aktiengesellschaften« (SAG) überführt wurden – konnten stets absolute Priorität im Wirtschaftsplanungssystem einfordern, ohne zugleich Selbmanns Wirtschaftsressort auch nur umfassend über ihre ökonomischen Leistungsparameter in Kenntnis setzen zu müssen.[28]

Der gigantische Komplex der »SAG Wismut«, der seit dem Herbst 1945 geschaffen wurde und der den von der sowjetischen Führung mit höchster Priorität versehenen Uranerzbergbau im Erzgebirge betrieb, war da nur ein, wenngleich der mit Abstand bedeutendste Faktor.[29] Aus Sicht des Dresdner Wirtschaftsressorts war die Wismut während Selbmanns Amtszeit eine riesige und vollständig uneinsehbare »black box«, in die auf in ultimativer Form erteilte sowjetische Befehle hin große Ressourcen – nicht zuletzt spezialisierte Arbeitskräfte und Bergbauausrüstungen – gepumpt werden mussten. Auch die inzwischen geschaffenen »landeseigenen Betriebe« wurden dazu rigoros »ausgekämmt«. Dies und die Gerüchte, die aus dem Wismut-Gebiet vor allem anfangs über die desolaten Arbeits- und Lebensbedingungen der Mehrzahl der deutschen Beschäftigten nach außen drangen, schadete dem Ansehen der Dresdner Wirtschaftsverwaltung weiter. Weil rasch zur Zwangsverpflichtung von Arbeitskräften für die Wismut übergegangen werden musste, verstärkte sich die Fluchtwelle aus der SBZ erheblich.[30]

Der von Dresden aus für die ganze Sowjetische Besatzungszone betriebene modellhafte Aufbau eines Wirtschaftsplanungssystems krankte von vornherein am widersprüchlichen Verhalten der Besatzungsmacht, die nachvollziehbare Reparationsinteressen und die Unterstützung der von ihr an die Macht gebrachten deutschen Kommunisten jedenfalls vor 1948 zu keinem Zeitpunkt in ein einigermaßen funktionierendes Gleichgewicht zu bringen vermochte – oder bringen wollte. Jenseits der systemimmanenten Defekte einer umfassenden Wirtschaftsplanung hat das konkrete Gebaren der Besatzungsmacht von Anfang an auch die Akteure der KPD/SED diskreditiert. Das war ihnen bewusst, wie der interne Diskurs, der inzwischen offengelegt ist, unzweideutig zeigt. Nach außen hin indes blieb die angestrengt enthusiastische Lobhudelei auf die mächtigen »Freunde« Pflicht. Sich einer echten demokratischen Konkurrenzsituation zu stellen, haben die KPD/SED-Funktionäre angesichts dieses ihre politische Existenz seit 1945 beständig begleitenden, der Bevölkerung nicht wirklich verborgen bleibenden Zwiespalts sorgsam vermieden, solange sie nicht von eben dieser Bevölkerung dazu gezwungen wurde. Das Ergebnis der einzig freien DDR-Volkskammerwahl vom 18. März 1990 spricht Bände. Denn dieses war keineswegs nur, aber auch ein Votum der Betroffenen zur 1945 begründeten wirtschaftspolitischen Systemkonkurrenz zwischen Ost- und Westdeutschland.

Anmerkungen

1 Vgl. Thomas Widera: Dresden 1945–1948. Politik und Gesellschaft unter sowjetischer Besatzungsherrschaft. Göttingen 2004, S. 51 ff.

2 Vgl. Winfried Halder: »Modell für Deutschland«. Wirtschaftspolitik in Sachsen 1945–1948. Paderborn u. a. 2001, S. 15 ff.

3 Vgl. www.flurgespraeche.de/wp-content/uploads/2015/09/Gedenkblatt_Woldt_Richard.pdf (Zugriff 28. 10. 2016).

4 Vgl. Michael Richter, Mike Schmeitzner: »Einer von beiden muß so bald wie möglich entfernt werden«. Der Tod des sächsischen Ministerpräsidenten Rudolf Friedrichs vor dem Hintergrund des Konfliktes mit Innenminister Kurt Fischer 1947. Leipzig 1998, S. 44 ff.

5 Zit. n. Halder, Modell (Anm. 2), S. 59.

6 Vgl. ebd.

7 Vgl. ebd., S. 93 ff.

8 Vgl. das umfassende Zahlenmaterial der LVS von 1946 bei Halder, Modell (Anm. 2), S. 191 ff. Zum Ausmaß der unmittelbaren Kriegszerstörungen in Dresden vgl. Thomas Widera: Politik, Wirtschaft, Verwaltung. In: Holger Starker (Hrsg.): Geschichte der Stadt Dresden. Bd. 3: Von der Reichsgründung bis zur Gegenwart. Stuttgart 2006, S. 531–545, S. 538.

9 Vgl. Halder, Modell (Anm. 2), S. 61 ff.

10 Vgl. Jan Foitzik: Sowjetische Militäradministration in Deutschland (SMAD) 1945–1949. Berlin 1999, S. 150 ff.

11 Vgl. Halder, Modell (Anm. 2), S. 62 f.

12 Vgl. Bettina Greiner: Verdrängter Terror. Geschichte und Wahrnehmung sowjetischer Speziallager in Deutschland. Bonn 2010, S. 9 ff.

13 Vgl. Winfried Halder: »Verhängnisvolle Wirkungen und empfindliche Lähmungen im Wirtschaftsablauf«. Zur Einschätzung von Ausmaß und Folgen der Demontagen im sächsischen Wirtschaftsressort 1945–1947. In: Rainer Karlsch, Jochen Laufer (Hrsg.): Sowjetische Demontagen in Deutschland 1944–1949. Hintergründe, Ziele und Wirkungen. Berlin 2002, S. 447–471.

14 Vgl. Halder, Modell (Anm. 2), S. 69.

15 Vgl. Andre Steiner: Von Plan zu Plan. Eine Wirtschaftsgeschichte der DDR. Bonn 2007, S. 61 f.

16 Vgl. Oliver Kiechle: Fritz Selbmann als Kommunist und SED-Funktionär. Individuelle Handlungsspielräume im System. Düsseldorf 2013, passim.

17 Vgl. ebd., S. 133 ff.

18 Vgl. Fritz Selbmann: Acht Jahre und ein Tag. Bilder aus den Gründerjahren der DDR. Berlin 1999, S. 30 ff.

19 Vgl. Kiechle, Selbmann (Anm. 16), S. 47 ff.

20 Vgl. Hermann Weber: Die Wandlung des deutschen Kommunismus. Die Stalinisierung der KPD in der Weimarer Republik. Frankfurt a. M. 1969 (Gekürzte Studienausgabe), S. 53 ff.

21 Vgl. Halder, Modell (Anm. 2), S. 84 ff.

22 Victor Klemperer: Und so ist alles schwankend. Tagebücher Juni bis Dezember 1945, hrsg. v. Günther Jäckel unter Mitarbeit von Hadwig Klemperer. Berlin 1996 (2. Aufl.), S. 20.

23 Ebd., S. 36.

24 Zit. n. Halder, Modell (Anm. 2), S. 430.

25 Vgl. Kiechle, Selbmann (Anm. 16), S. 257 ff. u. Halder, Modell, S. 430 ff.

26 Vgl. ebd., S. 212 ff.

27 Vgl. Winfried Halder: »Prüfstein … für die politische Lauterkeit der Führenden«. Der Volksentscheid zur »Enteignung der Kriegs- und Naziverbrecher« in Sachsen im Juni 1946. In: Geschichte und Gesellschaft 25 (1999), H. 4, S. 589–612.

28 Vgl. Halder, Modell (Anm. 6), S. 278 ff.

29 Vgl. Rainer Karlsch: Uran für Moskau. Die Wismut – Eine populäre Geschichte. Bonn 2007, S. 47 ff.

30 Vgl. Winfried Halder: Was die Russen wirklich wollten. Zur Bedeutung des Uranerzbergbaus in der SBZ/DDR 1945–1954. In: Elke Mehnert (Hrsg.): »…'s kommt alles vom Bergwerk her«. Materialienband zum 7. Deutsch-Tschechischen Begegnungsseminar Gute Nachbarn – Schlechte Nachbarn? Frankfurt a. M., S. 63–89, S. 63 ff.

Gerhard Barkleit

Kombinatsbildung und neue Industriestruktur in den 1960er Jahren

Die 1960er Jahre gelten als die wohl spannendste Phase in der Wirtschaftspolitik der SED. Die Vergesellschaftung der Produktionsmittel war noch nicht mit aller Härte praktiziert worden, und unterschiedliche Ausformungen der Zentralpanwirtschaft schienen noch möglich zu sein. Das zweite Dezennium in der nur 40 Jahre währenden Existenz der DDR wurde durch die Liquidierung der Luftfahrtindustrie eingeleitet, die seit Mitte der 1950er Jahre das Aushängeschild der Dresdner Industrie schlechthin darstellte. Rund 24 000 Beschäftigten wollte die SED-Führung diese völlig überraschende Entscheidung als zukunftsweisenden Schritt in die richtige Richtung verkaufen. Es durfte nicht wahr sein, dass die Sowjetunion das zunächst geforderte Engagement in der zivilen Luftfahrt nicht honorierte, stattdessen aber nach der erfolgreichen Entwicklung der interkontinentalen ballistischen Rakete erklärte, niemals Flugzeuge aus DDR-Produktion zu kaufen. Mit der Umstellung großer Teile der militärischen Luftfahrtindustrie auf zivile Projekte benötigte sie Dienstleistungen ihrer Satellitenstaaten in diesem Bereich nicht mehr.

Mit dem vier Wochen vor dem Bau der Berliner Mauer, am 13. Juli 1961, gefassten Beschluss besiegelte der Ministerrat das Scheitern des ersten Prestigevorhabens der DDR-Industrie. Diese bittere Erfahrung, verbunden mit erheblichen wirtschaftlichen Verlusten, hätte eine den Interessen des eigenen Landes verpflichtete und dessen Potenzial realistisch einschätzende Wirtschaftspolitik zur Folge haben können. Die SED-Führung hingegen verfolgte eine immer engere Abstimmung und Verflechtung innerhalb des Ostblocks. Mit der zur Jahreswende 1960/61 gestarteten Kampagne »Störfreimachung« versuchte sie, die Abhängigkeit der Wirtschaft von Importen aus der Bundesrepublik und anderen Ländern des Westens drastisch zu verringern.

Der Beschluss der Staatlichen Plankommission zur Entwicklung des maschinellen Rechnens in der DDR vom 29. März 1961 ließ das Schleifen des Leuchtturms Flugzeugbau sogar zu einem Standortvorteil für Dresden beim Aufbau der Datenverarbeitungsindustrie werden. Denn »der entstehende Industriezweig benötigte die hochqualifizierten Elektroniker, Automatisierungsfachleute und Computerspezialisten, die vorher in der Luftfahrtindustrie gearbeitet hatten«.[1]

Nahezu zeitgleich mit dem Mauerbau, nämlich am 1. August 1961, wurde auf dem Gelände der Flugzeugwerke, in unmittelbarer Nähe der Start- und Landebahn, die Arbeitsstelle für Molekularelektronik gegründet, die Keimzelle der mikroelektroni-

Werbung für die 1964 auf den Markt gekommene »Praktika nova«

schen Industrie der DDR. Diesem Industriezweig stand ein doppelter Spagat bevor, nämlich das Lavieren zwischen ökonomischer Rationalität und Treue zur Sowjetunion einerseits sowie zwischen dem Embargo des Westens und der Kooperationsverweigerung des Ostens andererseits.

Die Wirtschaftspolitik der 1960er Jahre wurde durch das 1963 installierte »Neue Ökonomische System der Planung und Leitung« (NÖSPL) zum Streitfall zwischen Hardlinern und Reformern in der SED. Das NÖSPL zeichnete sich durch eine Stärkung der Eigenständigkeit von Betrieben sowie die Einführung von leistungsabhängigen Bonuszahlungen für die Beschäftigten aus. Die Ergebnisse der Betriebe wurden nicht mehr anhand der Kennziffer Bruttoproduktion gewertet, sondern der Gewinn sollte als Maßstab ökonomischen Erfolges dienen. Anstelle der wenig wirksamen ideologischen sollten ökonomische Hebel die Motivation auf allen Ebenen verbessern. Diese Neuerungen wirkten sich zwar in wirtschaftlicher Hinsicht zunächst positiv aus, erwiesen sich aber als eine Herausforderung für die Vertreter eines maximalen Zentralismus in Staat und Wirtschaft. Die Betriebsleiter gewannen an Gewicht gegenüber der Zentralverwaltung, die Ökonomen gegenüber den Parteileitungen – und dies wuchs sich zur Gefahr für den absolutistischen Machtanspruch der Partei aus. Die Beschäftigten freuten sich über die schrittweise Einführung der Fünf-Tage-Woche, steigende Löhne sowie die Möglichkeit eines freiwilligen Beitritts zum System der Zusatzrente.

Dem von SED-Chef Walter Ulbricht 1958 vorgegebenen Ziel, die Bundesrepublik zu überholen, ohne sie einzuholen, kam man dennoch nicht merklich näher. Da auch die führenden Politiker in Moskau mit Skepsis und wachsender Sorge auf diese Wirtschaftsreformen blickten, konnte Erich Honecker ungehindert am Stuhl seines Ziehvaters sägen und Verbündete für einen neuen Kurs suchen. Am 3. Dezember 1965 beging der als geistiger Vater des NÖSPL geltende Erich Apel Selbstmord. Der einstige Mitarbeiter des Pioniers der Raketentechnik Wernher von Braun hatte es nach sechsjähriger Internierung in der Sowjetunion unter Ulbricht bis zum Vorsitzenden der Staatlichen Plankommission gebracht. – Noch immer existieren übrigens Zweifel an der offiziellen Darstellung, es habe sich um Suizid gehandelt.[2]

Ende der 1960er Jahre, als sich die Anzeichen einer bevorstehenden Wachstumskrise mehrten, leitete die SED mit der Bildung von Kombinaten die Abkehr von den Vereinigungen Volkseigener Betriebe (VVB) als strukturbestimmende Institutionen in der Volkswirtschaft ein. Die VVB, als wirtschaftsleitende Mittelbehörden jeweils horizontal für einen ganzen Industriezweig zuständig, waren zu weit von der Produktionsseite entfernt, um effektiv agieren zu können. Die Kombinate hingegen entsprachen als horizontal und vertikal integrierte Gruppe von einzelnen Betrieben besser den Konzernen in der Marktwirtschaft, die auf ähnliche Weise in Folgestufen ablaufende Prozesse kombinierten. In der DDR wurde dabei jedoch »nach technokratischen Gesichtspunkten und ohne ausreichende ökonomische Berechnungen entschieden«.[3]

Strukturbestimmende Branchen und Betriebe in den 1960er Jahren

Zeichnete sich Dresden bis zum Zweiten Weltkrieg vor allem als Standort von Fein-, Fertig- und Luxusindustrie aus, so entstanden neben dem bereits erwähnten Flugzeugbau in den 1960er Jahren auch weitere moderne Industriezweige wie Rechentechnik, Datenverarbeitung, Messtechnik und auch Kerntechnik. Aber auch etablierte Branchen erlebten einen Aufschwung, und zahlreiche Betriebe wurden später zu sogenannten Stammbetrieben eines Kombinats. Nicht nur der Flugzeugbau profitierte vom Engagement der zahlreichen nach langjähriger Internierung in der Sowjetunion zurückgekehrten Wissenschaftler und Ingenieure. Neben Brunolf Baade (Flugzeugbau) sind vor allem der herausragende Universalgelehrte Manfred von Ardenne und Werner Hartmann (Kerntechnik und Mikroelektronik) zu erwähnen.

Kameraproduktion

Im Jahre 1959, als der Rückstand auf dem Gebiet der Foto- und Kinotechnik bereits deutlich geworden war, reagierte die zuständige VVB Feinmechanik und Optik mit einem Zusammenschluss von bislang selbständigen Betrieben zum VEB Kamera- und Kinowerke Dresden. Das betraf die Kinowerke Dresden, Altissa-Camera-Werke, Kamera-Werke Niedersedlitz, Aspecta sowie die Welta-Kamera-Werke in Freital. 1964 erfolgte die Umbenennung in VEB Pentacon Dresden.[4] Dort wurde im gleichen Jahr mit der Praktica nova erstmals in Europa eine Spiegelreflexkamera in Fließbandmontage produziert, ein Modell, von dem bis Dezember 1969 immerhin 375 800 Stück hergestellt wurden.[5] Bis 1965 wurde die Ende der 1950er Jahre auf den Markt gekommene Pen-

tacon F weitergebaut. Sie war die Vorgängerin der späteren Modellreihe Praktica, mit der sich die Dresdner Kameraproduzenten gegen die wachsende Konkurrenz aus Japan zu wehren versuchten – vergeblich, denn deren »Zeit- und Innovationsverzug« war bereits »nach 1958 mit dem Erscheinen der Pentax K aufgeholt«.[6]

Arzneimittelherstellung
1961 schlossen sich der VEB Chemische Werke Radebeul, in dem Anfang der 1890er Jahre das durch Karl August Lingner zu einer legendären Marke geführte Mundwasser Odol entwickelt wurde, und der VEB Arzneimittelwerk Dresden zum größten pharmazeutischen Unternehmen der DDR zusammen. Mit 3 000 Beschäftigten in sechs Betriebsteilen erreichte es im ersten Jahr seines Bestehens ein Produktionsvolumen von 100 Millionen Mark.[7] Das Arzneimittelwerk Dresden wurde zum Zentrum der Arzneimittelforschung der DDR und erreichte eine herausragende Stellung für den gesamten osteuropäischen Wirtschaftsraum.

Möbelindustrie
Ab 1967 produzierte der VEB Deutsche Werkstätten Hellerau ein zur Selbstmontage entwickeltes Möbelsystem, das 24 Jahre lang zu den begehrtesten in der DDR gehörte. Es wurde von Rudolf Horn entwickelt, dem Leiter des Instituts für Möbel- und Ausbaugestaltung an der Hochschule für industrielle Formgestaltung Burg Giebichenstein in Halle. 1970 avancierten die Werkstätten Hellerau zum Stammbetrieb des VEB Möbel-

linke Seite:
Fernsehtruhe »Record IV«; Anfang der 1960er Jahre gern gekauft

rechte Seite:
Erika – die allseits beliebte Schreibmaschine

kombinat Hellerau, zu dem mehrere Möbelhersteller zusammengeschlossen wurden. »Die Möbelproduktion wurde im Verlauf von vier Jahrzehnten DDR immer stärker strukturiert und zentralisiert. Existierten 1956 noch 612 Möbelfabriken, so waren es 1969 nur noch 18 Kombinate.«[8]

Rundfunk- und Fernsehtechnik

Das Fernsehgerät verkörperte in jenen Jahren wie kaum ein anderes Konsumgut auf überaus anschauliche Weise den technologischen Fortschritt. Ihm galt deshalb auch das besondere Interesse von Partei- und Staatsführung. 1960 wurde in Dresden das Zentrallaboratorium für Rundfunk und Fernsehempfangstechnik (ZRF) als zentrale Forschungs- und Entwicklungsstelle gegründet, das ab 1981 als VEB Zentrum Wissenschaft und Technik firmierte. Die Produktion von Fernsehgeräten erfolgte im VEB Rafena Radeberg, wo 1961 täglich rund 1 000 Geräte vom Band liefen; 1963 waren es dann etwa 1 200 Stück. Die Produktpalette umfasste Tisch- und Standgeräte sowie Fernsehtruhen, die außerdem noch ein Radio und einen Plattenspieler enthielten. Anfang der 1960er Jahre waren es die Tischgeräte Patriot und Favorit, das Standgerät Record 4 sowie die Fernsehtruhe Club, bei Einstellung der Produktion in Radeberg 1968 das Tischgerät Stadion 8 und das Standgerät Forum super 16. Mit der Wiederaufnahme der Produktion von Fernsehgeräten im Jahre 1975 wurde das erste Kofferfernsehgerät aus DDR-Produktion, das Schwarz-Weiß-Gerät Combi Vision CV310 auf der Leipziger Frühjahrsmesse vorgestellt.[9]

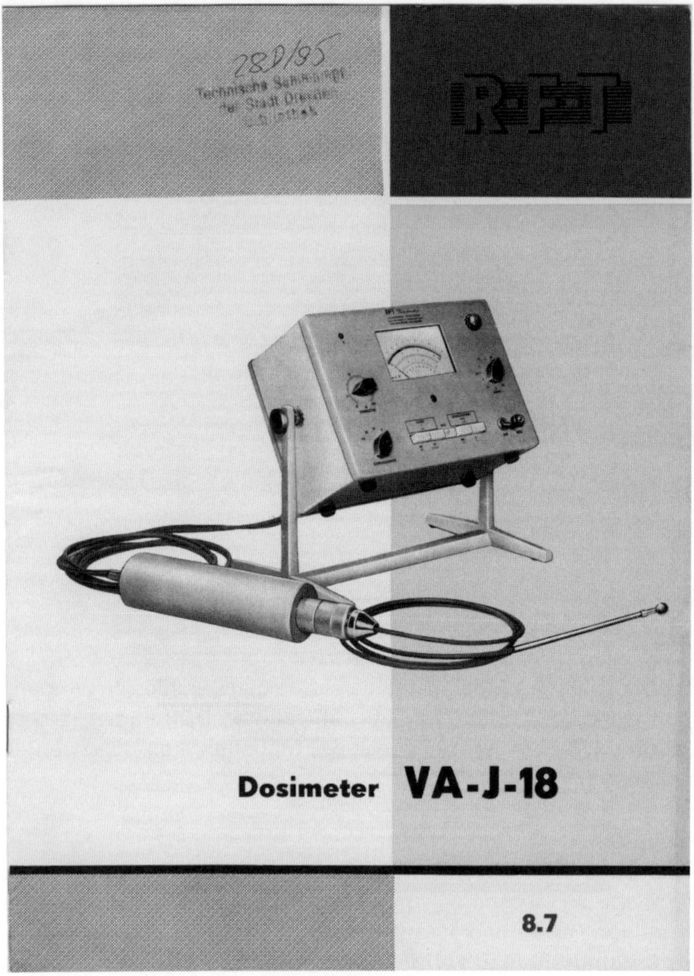

Dosimeter VA-J-18 zur Messung radioaktiver Strahlung

Im Oktober 1969, anlässlich des 20. Jahrestages der Gründung der DDR, wurde das Farbfernsehen eingeführt. Ideologische und keineswegs technologische oder gar ökonomische Gründe gaben den Ausschlag für das französische SECAM-System. In der Bundesrepublik war Anfang der 1960er Jahre ein eigenes und technisch überlegenes Verfahren entwickelt worden, das von den meisten westeuropäischen Ländern übernommen wurde. In Radeberg wurden 1982 die ersten 10 000 Farbfernsehgeräte colorvision RC 6041 mit 42 Zentimeter Bildschirmdiagonale gefertigt.[10]

Rechentechnik und Automatisierung

Im Jahre 1961 entstand nach der Einstellung der Flugzeugproduktion und durch Verlagerung von Kapazitäten aus Jena das Zentralinstitut für Automatisierung in Dresden. 1964 wurde im Rahmen einer Neuprofilierung daraus das Institut für Datenverarbeitung. Der VEB Schreibmaschinenwerk(e) Dresden, nach der Verstaatlichung das Nachfolgeunternehmen der Firma Seidel & Naumann, stellte seit 1910 die beliebte und begehrte Schreibmaschine Erika her. Im VEB Rafena Radeberg begann 1968 die Serienproduktion des Großrechners R 300. Darüber hinaus wurden dort auch Prozess- und Kleinrechner hergestellt. Richtfunktechnik für zivile und militärische Anwendungen komplettierte ab Ende der 1960er Jahre die Produktpalette.

Messtechnik/Kerntechnik

Im VEB Robotron-Meßelektronik »Otto Schön« Dresden entstand 1965 in Kooperation mit Prof. Nikolaus Joachim Lehmann von der Technischen Universität der erste komplett selbst entwickelte Computer der DDR. Im Jahr 1969 wurden mit dem VEB Vakutronik, einem 1955 auf Initiative von Manfred von Ardenne und Werner Hartmann gegründeten Industrie- und Forschungsbetrieb für Kernphysik und Kerntechnik, sowie dem VEB Schwingungstechnik und Akustik zwei relativ junge Betriebe eingegliedert. Die Firmengruppe trat fortan unter dem gemeinsamen Namen VEB RFT Messelektronik Dresden auf. Die seit der Firmengründung durch Otto Hermann Mende im Jahre 1923 betriebene Produktion von Rundfunkempfängern wurde endgültig eingestellt. Die Produktpalette von Vakutronik reichte von Kernstrahlungsdetektoren für den Einsatz nicht nur im Labor, sondern auch in der Industrie, bis hin zu Großgeräten. Letztere entsprangen oft einer engen Kooperation mit dem Forschungsinstitut Manfred von Ardenne. Einen weiteren Schwerpunkt bildeten Dosimeter zur Messung radioaktiver Strahlung für zivile und militärische Einsatzgebiete.

Die zweite Welle von Kombinatsgründungen

Die ersten Kombinate waren bereits kurze Zeit nach Gründung der DDR in der Grundstoffindustrie gebildet worden. Dazu gehörten beispielsweise das Eisenhüttenkombinat Ost (1951) sowie das Kombinat Schwarze Pumpe (1958). Die Zweifel im Politbüro der SED, durch die Bildung von Kombinaten die Effektivität im Bereich der verarbeitenden Industrie maßgeblich steigern zu können, wichen erst mit dem Abbruch des Experiments des NÖSPL gegen Ende der 1960er Jahre.

In einer zweiten Welle wurden im Raum Dresden vier Kombinate gebildet. Im Januar 1968 bündelte man die Kameraproduktion im Kombinat Pentacon ein weiteres Mal. Im April 1969 entstand das Kombinat Robotron mit den Schwerpunkten Datenverarbeitung und Rechentechnik, zum Jahreswechsel 1969/70 schließlich das Kombinat NAGEMA, dessen Name für Nahrungsmittel-, Genussmittel- und Verpackungsmaschinenbau steht, sowie das Kombinat Luft- und Kältetechnik mit den Schwerpunkten Mittel- und Großkältetechnik sowie Luft- und Entstaubungstechnik.

Kombinat Pentacon

Am 2. Januar 1968 wurde unter Einbeziehung des Ihagee-Kamerawerkes (900 Beschäftigte) sowie des Feinoptischen Werkes Görlitz (1 400 Beschäftigte) das Kombinat Pentacon mit insgesamt etwa 6 200 Beschäftigten gegründet. Trotz punktueller innovativer Lösungen, wie beispielsweise »die weltweit erstmals realisierte mechaniklose, elektrische Blendenwertübertragung«,[11] gelang es nicht, den technologischen Rückstand zu verringern. Die japanischen Spiegelreflexkameras gewannen »sowohl auf dem mechanischen als auch bereits auf dem elektronischen Gebiet einen hohen Innovationsvorsprung gegenüber den Pentacon-Kameras«.[12] Letztere lagen ab Mitte der 1970er Jahre »international im technischen Mittelfeld«, zeichneten sich aber »durch ein extrem gutes Preis-Leistungs-Verhältnis aus«.[13] Dennoch sank der Marktanteil der Dresdner Kameras ständig: »Während 1960 noch nahezu jede zweite auf dem westeuropäischen Markt verkaufte Spiegelreflexkamera aus Dresden kam, war es 1975 nur noch jede achte.«[14]

Kombinat Robotron

Mit Wirkung vom 1. April 1969 wurden die VVB Datenverarbeitungs- und Büromaschinen aufgelöst und die Kombinate Robotron (Dresden) und Zentronik (Stammbetrieb VEB Büromaschinenwerk Sömmerda/Sitz der Kombinatsleitung Erfurt) gebildet. Zum Stammbetrieb von Robotron, und damit auch zum Sitz der Kombinatsleitung, wurde bis zur Fertigstellung eines repräsentativen Firmensitzes in Dresden das Fernsehwerk Rafena in Radeberg auserkoren. Anfang der 1970er Jahre konnte der sogenannte Atrium-Komplex am Pirnaischen Platz im Zentrum von Dresden bezogen werden. Der Komplex bestand aus mehreren imposanten Atriumhöfen, einer Großgaststätte zur zentralen Pausenversorgung, einem Kindergarten und mehreren Nebengebäuden. Darüber hinaus konnte der Neubau eines Produktionswerkes auf der Bodenbacher Straße in Dresden-Gruna realisiert werden. Stammbetrieb wurde der VEB Robotron-Elektronik. Neben dem Softwarehaus VEB Robotron-Projekt nahm auch der VEB Robotron-Meßelektronik »Otto Schön« seinen Sitz im Atrium-Komplex.

Anspruchsvolle Zielsetzungen sowie weitreichende Kompetenzen eines Kombinates zum Ende der 1960er Jahre lassen sich am Beispiel Robotron sehr gut erkennen. Im Statut dieses Unternehmens mit damals rund 17 000 Beschäftigten heißt es: »Der VEB Kombinat Robotron ist verantwortlich für die Organisierung der Großforschung auf dem Gesamtgebiet der Datenverarbeitung sowie für die Zusammenarbeit mit der UdSSR bei der Schaffung eines einheitlichen Systems elektronischer Rechentechnik. Das Kombinat ist ferner Finalproduzent von Zentraleinheiten, von ausgewählten Geräten der ersten Peripherie sowie von Erzeugnissen der Prozeßrechentechnik und von Erzeugnissen der Nachrichtenübermittlung. Dem VEB Kombinat Robotron obliegen weiterhin der Systemverkauf, die Applikation, der Service, der Einsatz von Systemen der Datenverarbeitung und der Prozeßrechentechnik, einschließlich der Erzeugnisse des einheitlichen Maschinensystems für die Datenerfassung und -aufbereitung sowie der konventionellen Büromaschinen und der Erzeugnisse der Richtfunktechnik. Weiterhin obliegt ihm die Generalauftragnehmerfunktion für Systeme der elektronischen Datenverarbeitung.«[15]

Kombinat NAGEMA
Zum Jahreswechsel 1969/70 wurden die 1948 gebildete VVB NAGEMA aufgelöst und das Kombinat NAGEMA gegründet. Die VVB umfasste zu dieser Zeit den VEB Schokopack (früher Spezialmaschinenfabrik Max Lösch), den VEB Tabakuni (früher Universelle-Zigarettenmaschinenfabrik) und den VEB Manag. 1962 entstand nach diversen Zusammenschlüssen der VEB Schokopack Dresden mit Hauptsitz in der Breitscheidstraße 46/56. 1972 wurde der VEB Verpackungsmaschinenbau Dresden Stammbetrieb des VEB Kombinat NAGEMA.

Kombinat Luft-und Kältetechnik
Mit der Umbildung der VVB Luft-und Kältetechnik in das gleichnamige Kombinat per 1. Januar 1970 wurden der VEB DKK Scharfenstein und der VEB Kühlmöbelwerk Erfurt ausgegliedert. Das Kombinat konzentrierte sich künftig auf die Mittel- und Großkältetechnik sowie Lufttechnik einschließlich Entstaubungstechnik.

Die Komplementarität von Effektivität und Zentralismus
Die Kombinatsbildung wurde erst Ende der 1970er Jahre abgeschlossen. In einer dritten Welle entstanden ab 1978 weit über 100 zentral geleitete Kombinate, die nicht nur Zulieferteile, sondern oft auch ihre Rationalisierungsmittel selbst herstellten. Das bedeutete letzten Endes einen Effektivitätsverlust durch Verringerung der Arbeitsteilung. Im Westen hatte man das zu jener Zeit übrigens längst erkannt und rückte ab von diesem Produktionsmodell. Pentacon steht für den Verlust der Wettbewerbsfähigkeit eines einstmals führenden Industriezweiges, Robotron für die Unmöglichkeit, auf dem Gebiet neuer Industrien jemals wettbewerbsfähig zu werden.

Anmerkungen
1 Erich Sobeslavsky, Nikolaus Joachim Lehmann: Zur Geschichte von Rechentechnik und Datenverarbeitung in der DDR 1946–1968. Dresden 1996, S. 75.
2 Vgl. Klaus Wiegrefe: Wohin führt das? In: Der Spiegel 10 (2000).
3 André Steiner: Von Plan zu Plan. Eine Wirtschaftsgeschichte der DDR. Bonn 2007, S. 185.
4 Vgl. www.dresdner-kameras.de/ihagee_exakta/ihagee_exakta.html (Zugriff 2016).
5 Gerhard Jehmlich: Der VEB Pentacon Dresden. Geschichte der Dresdner Kamera- und Kinoindustrie nach 1945. Dresden 2009, S. 106.
6 Ebd., S. 167.
7 www.gdch.de/fileadmin/downloads/GDCh/historische_staetten/radebeul.pdf (Zugriff 2016).
8 Vgl. Andreas Ludwig: Hunderte von Varianten. Das Möbelprogramm Deutsche Werkstätten (MDW) in der DDR. In: Zeithistorische Forschungen/Studies in Contemporary History 3 (2006), S. 449–459.
9 Wolfgang Traste: Fernsehgeräteproduktion in Radeberg, http://fesararob.de (Zugriff 2016).
10 Ebd.
11 Jehmlich, Pentacon (Anm. 5), S. 132.
12 Ebd., S. 167.
13 Ebd.
14 Rainer Karlsch, Michael Schäfer: Wirtschaftsgeschichte Sachsens im Industriezeitalter. Leipzig 2006, S. 258.
15 Hans Schubert, Günter Lotze: Beitrag zur Geschichte des VEB Robotron Zentrum für Forschung und Technik, undatiert.

Rainer Karlsch

»Die kapitalistischen Betriebe, die sich halbstaatlich nennen, müssen wir liquidieren«

Der letzte Schlag gegen den Dresdner Mittelstand im Frühjahr 1972

Mittelständische Industriebetriebe in Dresden Ende der 1960er Jahre

Für das Jahr 1968 weist das Statistische Jahrbuch der Stadt Dresden insgesamt 562 Industriebetriebe aus, darunter 108 Volkseigene Betriebe (VEB), 257 Betriebe mit Staatlicher Beteiligung (BSB) und 197 Privatbetriebe.[1] Komplett in staatlicher Hand befanden sich demnach nur 19,2 Prozent aller Industriebetriebe. An 45,7 Prozent von ihnen besaß der Staat Beteiligungen, wobei es sich überwiegend um Mehrheitsbeteiligungen handelte, die entweder von der Deutschen Investitionsbank (DIB) bzw. ab 1967 von der Industrie- und Handelsbank der DDR (IHB) oder von größeren VEBs gehalten wurden. Immerhin 35,1 Prozent aller Industriebetriebe waren noch in Privatbesitz. Doch nur auf den ersten Blick handelte es sich um eine »Mixed Economy«.

Zieht man die Beschäftigtenzahlen heran, dann wird deutlich, dass von rund 281 000 Beschäftigten mehr als 215 000 in VEBs und nur noch knapp 34 000 in Privatbetrieben sowie 20 000 in BSBs tätig waren.[2] Noch deutlicher wird die Dominanz des Staatssektors, wenn man die Daten zur Entwicklung der Industrieproduktion und zum Export bemüht. Mehr als 83 Prozent der Industrieproduktion Dresdens entfielen 1968 auf VEBs, 14 Prozent auf BSBs und weniger als drei Prozent auf Privatbetriebe. Nur noch in der Leichtindustrie, einschließlich der Textilindustrie, stellten Betriebe mit Staatlicher Beteiligung und Privatbetriebe eine wichtige Größe dar. Ein ernüchterndes Bild bietet auch die Exportstatistik. Demnach lag die Exportquote der gesamten Dresdner Industrie 1968 unter zehn Prozent.[3] Es wurden Waren im Wert von rund 244 Millionen Mark ins Nichtsozialistische Wirtschaftsgebiet (NSW) exportiert, wobei mehr als 91 Prozent dieser Exporte auf VEBs entfielen.[4]

Ende der 1960er Jahre hatte der einst so stolze Dresdner Mittelstand den größten Teil seiner Innovations- und Leistungskraft eingebüßt. Verantwortlich dafür war die Politik der SED, die in den mittelständischen Betrieben ein Überbleibsel des Kapitalismus sah, das über kurz oder lang gänzlich verschwinden sollte. In den Programmen aller marxistischen Parteien kam der Überwindung des Privateigentums an Produktionsmitteln ein zentraler Stellenwert zu. Zu ihrem Wertesystem gehörten drei eng miteinander verknüpfte Werte: Der Sozialismus entsteht nur dann, wenn die kommunistische Partei an der Macht ist; privates Eigentum wird durch öffentliches Eigentum ersetzt, und die Ausbeutung wird beseitigt.[5]

Die wichtigsten Unternehmen waren bereits in den ersten Nachkriegsjahren enteignet worden. Die übrig gebliebenen Privatbetriebe wurden zunehmenden Restriktionen unterworfen. Hunderte Dresdner Familienbetriebe gaben daraufhin auf oder verlegten den Sitz ihrer Firmen in den Westen bzw. gründeten dort neue Unternehmen. Unter ihnen viele mit klangvollen Namen. Die Herstellerfirma des Mundwassers Odol Lingner & Fischer zog von Dresden nach Bühl, der Fotopapierhersteller Mimosa AG gründete 1948 in Kiel ein neues Werk, die Chlorodont-Forschung ging nach Düsseldorf. Ebenfalls nach Düsseldorf zog es die Firma Teekanne aus Radebeul. Mit den Firmen gingen, als wertvollstes Kapital, die Menschen: Ingenieure, Facharbeiter, Kaufleute. Auf lange Sicht hat die Firmenabwanderung der sächsischen Wirtschaft noch mehr geschadet als die Kapitalvernichtung durch Krieg und Demontagen.[6]

In den Kontext der Zurückdrängung der Privatindustrie gehörte die 1956 begonnene Bildung von Betrieben mit staatlicher Beteiligung.[7] Bereits zuvor hatte der Staat aus volkswirtschaftlichen Gründen einzelne Privatbetriebe mit Krediten unterstützt, die infolge seiner restriktiven Preis- und Steuerpolitik unter Kapitalmangel litten und ihre Produktion kaum noch erweitern konnten. Im Januar 1956 beschloss der Ministerrat, diese Unternehmen nicht weiter zu kreditieren. Stattdessen beteiligte sich der Staat an ihnen. Den Privatunternehmen wurde damit eine vorläufige Bestandsgarantie gegeben. Für einen Staat, der sich zur Aufgabe gestellt hatte, den Sozialismus aufzubauen, war dies eine ungewöhnliche und im gesamten Ostblock einmalige Entscheidung. Die als Gesellschafter eingesetzten Banken bzw. größere VEBs konnten die von ihnen »betreuten« Betriebe jedoch in eine immer stärkere Abhängigkeit manövrieren.[8]

Zu diesen Unternehmen gehörte die Dresdner Oscar Heine KG. Der Betrieb war der wichtigste Lieferant von Spezialwiderständen für die Kinogeräteindustrie und wurde von Walter Riedel geleitet. Riedel war von 1931 bis 1945 bei der Zeiss-Ikon AG in Dresden tätig gewesen, hatte nach Kriegsende zunächst einen eigenen kleinen Glaswarenbetrieb aufgebaut und im Herbst 1945 die Leitung des ausgebombten Handwerksbetriebes Heine übernommen.[9] Riedel, seit 1945 Mitglied der CDU und ab 1958 Mitglied der Volkskammer, sah in dem Konzept der staatlichen Beteiligung eine gute Lösung und arbeitete aktiv an dessen Ausgestaltung mit. Die staatliche Beteiligung garantierte eine regelmäßige Auftragslage, war aber eine Einbahnstraße. Sie führte zum Ende des Unternehmertums im herkömmlichen Sinne, da sich die Anteile des Staates nicht zurückkaufen ließen und die Entscheidungen über die Produkte, Investitionen und Preise beim Staat und nicht mehr beim Unternehmer lagen. Riedel stellte dazu rückblickend fest: »Mir war bereits 1956 klar, dass der Weg zu einer hundertprozentigen Beteiligung des Staates führen würde.«[10]

Die Verordnungen vom 15. Dezember 1970

Im Dezember 1969 kritisierte der Sekretär für Wirtschaft des ZK der SED, Günter Mittag, »gewisse Geschäftspraktiken« von Privatbetrieben und wies auf überhöhte Einkommen von Unternehmern und Handwerksmeistern hin.[11] Das zielte auf das Schüren von Sozialneid, war aber in der Sache nicht ganz falsch. Da es unter den Bedingungen der Planwirtschaft keinen Konkurrenzdruck gab – der Produzent, nicht der Kunde, war König –, hatten einige Komplementäre und Handwerksmeister einen für DDR-Verhältnisse außergewöhnlichen Wohlstand erreicht. Mittags Kritik diente ein Jahr später zur Verschärfung der Einkommens- und Gewinnbesteuerung der nichtstaatlichen Unternehmen sowie zur Streichung von Sonderregelungen.

Im Verlaufe des Jahres 1970 wurde offenbar, dass Ulbrichts überspannte Wirtschaftspolitik, die einseitig auf eine Förderung »strukturbestimmender Zweige« setzte, zu einer Wirtschaftskrise geführt hatte. Angesichts der von der SED-Führung selbstverschuldeten Krise wurde auch die Mittelstandspolitik einer Neubewertung unterzogen. Erich Honecker, der bereits mit Hilfe der KPdSU-Führung den Sturz seines Ziehvaters Ulbricht vorbereitete, forderte, die »Zulieferindustrie fester in die Hand zu nehmen«. Nur wenige Tage später verabschiedete der Ministerrat mehrere gegen den Mittelstand gerichtete finanzpolitische Beschlüsse.[12] Die Prüfer der IHB hatten sowohl auf den bevorstehenden Generationswechsel an der Spitze der BSBs, was zu einer Aufsplitterung der Geschäftsanteile unter den Erben führen würde, als auch auf hohe Einkommen der Komplementäre hingewiesen. Eine am 15. Dezember 1970 erlassene Verordnung zielte deshalb auf das Herausdrängen nichttätiger Gesellschafter aus den BSBs und die Beschneidung der Einkommen der Komplementäre.

Die Verordnung hatte negative volkswirtschaftliche Wirkungen. Die nunmehr auch für BSBs geltende Produktionsfondsabgabe belastete diese Unternehmen stärker als den staatlichen Sektor, zudem wurden saisonabhängige Betriebe durch die enge Auslegung der Kreditverordnung benachteiligt und das Interesse an Exporten behindert. Die IHB-Filiale Dresden wurde angewiesen, die Kreditierung der BSBs neu zu organisieren. Doch dazu waren die schlecht qualifizierten Sachbearbeiterinnen, die jeweils bis zu 22 BSBs und Privatbetriebe betreuten, kaum in der Lage. Die Bearbeitung der Kreditanträge lief schleppend, und die Fehlbeträge bei den Eigenmitteln wuchsen. Letztlich wirkten die Dezember-Verordnungen in Richtung einer »kalten Sozialisierung«.[13] Die Betroffenen kommentierten dies sarkastisch als »Aktion Zitrone«. Aus Enttäuschung kündigten im Frühjahr 1971 viele private Gesellschafter ihre Einlagen.

Nach 25 Jahren ständiger Benachteiligungen waren bis zu ein Drittel der mittelständischen Betriebe völlig heruntergewirtschaftet. Ihr Zustand entsprach inzwischen den Vorurteilen des SED-Parteiapparats von der rückständigen Privatindustrie mit niedriger Produktivität. Die IHB plädierte für ihre Schließung, und VEBs weigerten sich, solche Unternehmen als neue Betriebsteile fortzuführen. Um Betriebsschließungen zu vermeiden, begann ab Sommer 1971 eine schleichende Verstaatlichungskampagne. Noch war allerdings offen, welches Ausmaß diese Kampagne annehmen sollte.

Am 20. Juli 1971 referierte Ministerpräsident Willy Stoph im Politbüro über die BSBs und schlug vor, diese auf freiwilliger Basis in einem längeren Prozess in VEBs umzuwandeln. Einen Monat später fasste das Politbüro einen entsprechenden Entschluss. Nachdem die Verordnung vom Dezember 1970 ganz ohne Zutun der Blockparteien CDU, LDPD und NDPD zustande gekommen war und sich unter ihren Mitgliedern Verunsicherung über die neue Mittelstandspolitik entwickelt hatte, sollten nun deren Parteiführungen ihre Klientel beschwichtigen. Der CDU-Führung bot sich eine Profilierungschance. Wie schon 1955/56 sollte dabei Walter Riedel eine besondere Rolle zufallen. Er hatte inzwischen an der Hochschule für Ökonomie in Berlin studiert und im Oktober 1970 mit einer Arbeit über »Knotenpunktbetriebe der Zulieferindustrie« promoviert.[14] Riedel plädierte für eine noch engere Anbindung an die Finalproduzenten, wollte aber »Kontenpunktbetriebe« als juristisch selbständige Person erhalten.[15] Sein Vorschlag war jedoch nach dem Kurswechsel der SED-Führung in der Mittelstandspolitik nicht mehr aktuell. Daher legte er am 5. Dezember 1971 »Gedanken zur Weiterentwicklung der Betriebe mit staatlicher Beteiligung« vor.[16] Dieser Text fand die Zustimmung seiner Parteiführung und wurde an die SED-Führung weitergeleitet. In der Denkschrift heißt es: »Um den besonderen Schritt des Weges Staatliche Beteiligung zum Sozialismus verständlich zu machen, muss auch der Schritt zur Vollendung folgen […] Die Schaffung eines ökonomischen ›Naturschutzgebietes‹ kann keinesfalls der Endzustand sein.«[17]

Was veranlasste den angesehenen Unternehmer, der als bekennender Baptist auch große moralische Autorität besaß, zu solch einer Aussage? Riedel hatte wie die meisten Komplementäre sehr genau und sorgenvoll die Diskussionen in der SED, aber auch in der CDU über den weiteren Umgang mit der Privatindustrie verfolgt. Wenn das Ende der BSBs sowieso bevorstand, so wollte er wenigstens für die Komplementäre einigermaßen erträgliche Bedingungen aushandeln. Er insistierte daher auf einen freiwilligen Übergang, die Umwandlung der Gesellschafterverträge in Arbeitsverträge und großzügige finanzielle Regelungen.[18]

Darauf ging die SED-Führung nicht ein. Geplagt von Wirtschaftsproblemen rückte sie Mitte Dezember 1971 von ihrer vorsichtigen Umwandlungsstrategie ab. Der Vorsitzende der Staatlichen Plankommission, Gerhard Schürer, und Finanzminister Siegfried Böhm begründeten die weiteren Verstaatlichungen mit ideologischen Argumenten. Als Schürer in seiner Rede ausführte, »dass der Prozess der sozialökonomischen Umschichtung zugunsten der sozialistischen Entwicklung, zur Stärkung und Vergrößerung des Volkseigentums weitergeführt wird«, da rief Honecker dazwischen: »Zur Beseitigung der Kapitalisten«, und erntete dafür Zustimmung. Honecker resümierte: »Die kapitalistischen Betriebe, die sich halbstaatlich nennen, müssen wir liquidieren.«[19] In der DDR gab es keine Bettler, es sollte nun auch keine Millionäre mehr geben. Am 13. Januar 1972 weihte Honecker die Vorsitzenden der Blockparteien in die Pläne der SED-Führung ein, BSBs und große Produktionsgenossenschaften des Handwerks (PGH) durch den Aufkauf der Anteile der Privatunternehmer in VEBs umzuwandeln.[20] Die CDU-Führung schlug daraufhin vor, das Verstaatlichungskonzept auch auf private Industriebetriebe auszudehnen. LDPD und NDPD wollten nicht zurückstehen und reichten ähnliche Vorschläge ein. Die Verstaatlichungsziele wurden nun immer weiter gefasst.

Am 8. Februar 1972 verabschiedete das Politbüro einen von Günter Mittag initiierten Beschluss, der die Grundlage für einen nahezu gleichlautenden geheimen Ministerratsbeschluss vom 16. Februar 1972 zur Umwandlung der BSBs und großer PGHs in

VEBs bildete.[21] Von Freiwilligkeit war keine Rede, Termine wurde nicht gesetzt. Nur Justizminister Kurt Wünsche (LDPD) wagte es, Kritik am eingeschlagenen Kurs wegen der Nichteinhaltung des Versprechens der schrittweisen Umwandlung und des Prinzips der Freiwilligkeit vorzubringen.[22] Zum »Dank« dafür wurde er von der Parteiführung der LDPD fallen gelassen und verlor einige Monate später sein Amt.

Die »Umwandlungskampagne« vom Frühjahr 1972

Unmittelbar nach der Verabschiedung des Ministerratsbeschlusses fanden in Dresden Tagungen der SED statt, auf denen die Parteibasis auf die bevorstehende Verstaatlichungsaktion eingestimmt wurde. Günter Mittag forderte die mit der Durchführung der Aktion beauftragten Stellen auf, »ideologische Kampfpositionen« einzunehmen. Daraufhin brachen alle Dämme. Die möglichst schnelle und vollständige Verstaatlichung der noch in privater Hand befindlichen Industriebetriebe wurde für die örtlichen SED-Funktionäre zu einer Frage ihrer Parteitreue. In klassenkämpferischer Manier unterbreiteten sie konkrete Vorschläge für die Verstaatlichung, die nun auch zahlreiche PGHs betraf. Die betroffenen Unternehmer waren verunsichert, zumal die verantwortlichen Stellen nach wie vor eine Geheimniskrämerei um wichtige Details der Aufkaufaktion betrieben. Sie zeigten kein Interesse mehr an der Einhaltung von Planvorgaben. Dies wiederum schürte auf Seiten des Staates die Angst vor wirtschaftlichen Verwerfungen. Daher wurde das Tempo der »Umwandlungsaktion« noch forciert.

Vom »Sieg der sozialistischen Produktionsverhältnisse« versprach sich die SED-Führung kurzfristige ökonomische Effekte. Im Ergebnis der Verstaatlichung erwartete man eine höhere Produktivität und eine Mobilisierung von Reserven.[23] Unternehmer und Komplementäre, die sich weigerten, ihre Anteile zu verkaufen, wurden von den lokalen Funktionären massiv unter Druck gesetzt, die ihnen mit der Stornierung von Aufträgen und Materiallieferungen sowie umfassenden Tiefenprüfungen drohten. Der Inhaber der Dresdner Firma für Kartonage Thomas war besonders standhaft und lehnte einen Verkauf trotz Dutzender Aussprachen ab. Andere wollten ihre Anteile nur zu angemessenen Preisen verkaufen.[24] Über diese und weitere Fälle informierte Finanzminister Siegfried Böhm den Spiritus Rector der ganzen Aktion, Günter Mittag. Im Endeffekt blieb kaum ein Privatbetrieb verschont.

Von der Verstaatlichung ausgenommen wurde allerdings das 1955 gegründete private Forschungsinstitut von Manfred von Ardenne mit seinen damals rund 300 Mitarbeitern.[25] Dabei hatte auch Ardenne erheblich unter Druck gestanden, sein Institut dem Staat zum Kauf anzubieten. Er schlug stattdessen eine Stiftungslösung vor, und als diese 1968 abgelehnt wurde, war er gezwungenermaßen bereit, eine staatliche Beteiligung aufzunehmen. Überraschenderweise aber war es nun das Politbüro, das diese Lösung am 24. Mai 1972 ablehnte.[26] Zweifelsfrei sind die Hintergründe für diese Entscheidung bis heute nicht geklärt. Der Ardenne-Biograf Gerhard Barkleit vermutet einen Zusammenhang mit dem kurz bevorstehenden Erscheinen einer westdeutschen Ausgabe der Autobiografie Ardennes. Eine »Enteignung« des international hoch angesehenen Forschers und Wissenschaftsunternehmers hätte der Reputation der DDR geschadet.

Verstaatlicht wurden hingegen neben den bereits genannten Firmen unter anderem der Arzneimittelproduzent Apogepha KG, die Süßwarenhersteller Riedel & Engelmann und Nudossi, der Schmierstoffproduzent Richter & Co. KG, der Brückenbauer Beuchelt & Co. KG, die Firma Karl Reese KG, zahlreiche kleinere Baubetriebe, Brauereien, Keltereien sowie Druckereien.[27]

Ende April 1972 wurden die »Pioniere der Verstaatlichung« mit hohen Auszeichnungen geehrt. Allein der von der CDU-Führung ebenfalls vorgeschlagene Walter Riedel wurde vom Bezirk Dresden ohne Angabe von Gründen abgelehnt. Im Bemühen, Engpassmaterial von einer Auslandsreise mitzubringen, hatte er gegen Zollbestimmungen der DDR verstoßen. Dies kostete ihn 1974 auch sein Volkskammermandat.[28]

Deutungen und langfristige Folgen

Welche Motive waren ausschlaggebend für den finalen Schlag gegen den Mittelstand? Der Volkswirt Ulrich Blum führt die Entscheidung auf Honeckers fehlenden ökonomischen Sachverstand zurück und charakterisiert sie als »geisteskrank«, wobei er allerdings den volkswirtschaftlichen Stellenwert der Reste der Privatindustrie in der DDR überschätzt.[29] Der Wirtschaftswissenschaftler Harry Maier hält für die »jähe Wende« eine »Intervention der Führungsmacht Sowjetunion« für entscheidend.[30] So richtig es auch ist, die Schützenhilfe Breschnews beim Führungswechsel in Ost-Berlin 1971 hervorzuheben, so wenig sagt dies über den Kurswechsel in der Mittelstandspolitik der SED aus. Eine direkte sowjetische Einflussnahme konnten bisher weder Maier noch andere Autoren belegen.

Überzeugender fallen die Antworten des Historikers Frank Ebbinghaus und des ehemaligen Unternehmers Heinz Hoffmann aus.[31] Hoffmann, der selbst viele Jahre einen Privatbetrieb in der DDR geführt hat, nennt in seiner Dissertation vier Hauptgründe: erstens die Krise in der Endphase der Ulbricht Ära, die zum Abbruch der Wirtschaftsreformen und zu einer erneuten Stärkung der zentralen Planung führte, zweitens den Machtwechsel von Ulbricht zu Honecker, drittens das (letztlich irrige) Argument von der niedrigen Arbeitsproduktivität in den Betrieben mit staatlicher Beteiligung und viertens das Schüren und Bedienen des Sozialneids.

Ebbinghaus weist zu Recht darauf hin, dass die Mittelstandspolitik kein prinzipielles Streitthema zwischen Ulbricht und Honecker war.[32] Beide hingen dem Dogma der Überlegenheit der sozialistischen Produktionsverhältnisse an. Zielstrebigkeit und Tempo der Verstaatlichung sowie der gewaltige Aufwand bei der Durchführung der Aktion im Frühjahr 1972 »entziehen sich«, so Ebbinghaus, »einer zweckrationalen Erklärung.«[33] Er spekuliert auch darüber, ob die de facto Enteignung mit der neuen Ostpolitik der Bundesregierung unter Willy Brandt (SPD) und Walter Scheel (FDP) zusammenhing. Um zu vermeiden, dass bürgerliche Kreise in der DDR mit der Politik Brandts sympathisieren, sollte die ökonomische Basis des Mittelstands zerschlagen werden. Diese Argumentation scheint dann doch zu weit hergeholt zu sein. Offensichtlich ist hingegen die Verkettung von ideologischen und wirtschaftlichen Motiven, wobei erstere überwogen.

Die wirtschaftliche Bedeutung der »Umwandlungsaktion« von 1971/72 war begrenzt und kann nicht als eine entscheidende Zäsur charakterisiert werden, sondern nur noch als Abschluss eines bereits weit fortgeschrittenen Prozesses der Zerstörung des Mittelstandes. Kurzfristig konnte die SED-Führung damit einen Erfolg verbuchen. Die Betriebe mit staatlicher Beteiligung, eine Sonderentwicklung innerhalb des Ostblocks, gehörten der Vergangenheit an. Im Stile eines Musterschülers übermittelte Honecker dazu Breschnew am 13. Juli 1972 einen schriftlichen Bericht.[34] Bis Ende 1972 wurden in der gesamten DDR rund 11 400 Industrie- und Handwerksbetriebe, Betriebe mit staatlicher Beteiligung sowie PGHs in volkseigene Betriebe umgewandelt.[35] Gewissermaßen nebenbei wurden auch noch private Verlage, Buchhandlungen und Antiquariate verstaatlicht. Nur ein kleiner privater Rest im Handwerk, Einzelhandel und in der Gastronomie blieb übrig. Größere Produktionseinbrüche wurden dank einer erheblichen Anlauffinanzierung für die neuen VEBs vermieden.

Die mittel- und längerfristigen Auswirkungen ihrer Politik hatte die SED-Führung jedoch nicht bedacht. Viele der nunmehr verstaatlichten Betriebe, die bis dahin auch Finalerzeugnisse gefertigt hatten, wurden zu reinen Zulieferern profiliert. Da ein Teil der von den Privatbetrieben zuvor angebotenen Sortimente von den neuen Eigentümern, VEBs bzw. Kombinaten, gestrichen wurde, kam es zu Engpässen in der Versorgung der Bevölkerung mit »Tausend kleinen Dingen«. Die SED-Führung versuchte dem entgegenzuwirken und verpflichtete alle Kombinate, in ihre Produktionsprogramme auch Konsumgüter aufzunehmen. Dies war für viele Großbetriebe eine unsinnige, kostentreibende Auflage, die sie nur ungern übernahmen. Langfristig verlor die volkseigene Industrie ihre bisher flexibelsten Partner.[36] Kaum zu unterschätzen waren die personellen Brüche. Zwar blieben zunächst rund 85 Prozent der vormaligen Komplementäre und Unternehmer als Betriebsleiter oder in anderen leitenden Funktionen in den neuen VEBs, doch der personelle Umbruch wurde nur etwas verzögert.

Weil 1989/90 auch innerhalb der SED die Verstaatlichungen von 1972 als grober Fehler beurteilt wurden, machte die letzte SED-geführte Regierung unter Ministerpräsident Hans Modrow noch vor den ersten freien Volkskammerwahlen jene Enteignungen mit dem »Gesetz über die Gründung und Tätigkeit privater Unternehmen und über Unternehmensbeteiligungen« (Unternehmensgesetz) vom 7. März 1990 rückgängig. Die Erwartung, dies werde zu einem raschen Wiederaufbau des privaten Sektors führen, wurde jedoch enttäuscht. Am 3. Oktober 1990, also mit dem Tag der deutschen Wiedervereinigung, wurde das Unternehmensgesetz außer Kraft gesetzt und durch das »Gesetz zur Regelung offener Vermögensfragen« (Vermögensgesetz) ersetzt. Das damit auf den Weg gebrachte Prinzip »Rückgabe vor Entschädigung« blieb heftig umstritten und wurde von der Mehrheit der Volkswirte als ein Investitionshemmnis angesehen.[37]

Mitte 1997 waren von jenen 11 400 Betrieben, die 1972 enteignet wurden, nur 2 700 am Markt, aber nur 500 von ihnen hatten eine gesicherte Perspektive. Nur ein kleiner Teil der reprivatisierten Betriebe vermochte sich unter den gänzlich neuen Bedingungen zu behaupten. Ob dies eher eine Folge des »langen Schattens des Sozialismus« oder der Regelungen des Einigungsvertrages und der Privatisierungspolitik der Treuhandanstalt war, das ist bis heute Gegenstand anhaltender Kontroversen.

Anmerkungen

1 Vgl. Rat der Stadt Dresden (Hrsg.): Dresden 1969. Statistisches Jahrbuch. Dresden 1969, S. 51.
2 Vgl. ebd., S. 33.
3 Vgl. ebd., S. 59.
4 Vgl. ebd., S. 62.
5 Vgl. Janos Kornai: Das sozialistische System. Die politische Ökonomie des Kommunismus. Baden-Baden 1995, S. 94f.
6 Vgl. Rainer Karlsch, Michael Schäfer: Wirtschaftsgeschichte Sachsens im Industriezeitalter. Leipzig 2006, S. 238f.
7 Vgl. Jörg Roesler: Enteignung, Verdrängung, Integration. In: Ansichten zur Geschichte der DDR, Bd. I. Bonn, Berlin 1993, S. 171–190; Heinz Hoffmann: Die Betriebe mit staatlicher Beteiligung im planwirtschaftlichen System der DDR 1956–1972. Stuttgart 1999; Jochen Cerny: »Eine außergewöhnliche Handlungsweise«. Zur Staatsbeteiligung an Privatbetrieben in der DDR. In: UTOPIE kreativ, H. 123 (Januar 2001), S. 33–41; Frank Ebbinghaus: Ausnutzung und Verdrängung. Steuerungsprobleme der SED-Mittelstandspolitik 1955–1972. Berlin 2003.
8 Vgl. André Steiner: Von Plan zu Plan. Eine Wirtschaftsgeschichte der DDR. München 2004, S. 91.
9 Vgl. Walter Riedel: Unternehmen Leben. Erinnerungen. Dresden 2001.
10 Ebd., S. 62.
11 Vgl. Roesler, Enteignung (Anm. 7), S. 181.
12 Vgl. Ebbinghaus, Ausnutzung (Anm. 7), S. 152.
13 Vgl. ebd., S. 164–168.
14 Vgl. Walter Riedel: Die Entwicklung und Problematik von Knotenpunktbetrieben der Zuliefererindustrie im Rahmen der kooperativen Zusammenarbeit in Produktionssystemen. Dissertation, Hochschule für Ökonomie, Berlin 1970.
15 Vgl. ebd., S. 197.
16 Die Denkschrift ist komplett abgedruckt bei Monika Kaiser: Knockout für den Mittelstand. Zum Wirken von SED, CDU, LDPD und NDPD für die Verstaatlichung der Klein- und Mittelbetriebe. Berlin 1990, S. 19–34.
17 Zitiert ebd., S. 19f.
18 Vgl. ebd., S. 31ff.
19 Zitiert ebd., S. 193f.
20 Vgl. ebd., S. 43.
21 Vgl. ebd., S. 96–110.
22 Vgl. Roesler, Enteignung (Anm. 7), S. 184.
23 Vgl. Michael Meißner: Dynamik des Übereifers. Die kommunistische Verstaatlichungsaktion 1972 im Bezirk Dresden. In: Horch & Guck, H. 02/2009, S. 40–43.
24 Vgl. Ebbinghaus, Ausnutzung (Anm. 7), S. 257.
25 Vgl. Burghard Ciesla, Dieter Hoffmann: Wie die Physik auf den Weißen Hirsch kam. Zur Gründung des Forschungsinstituts von Manfred von Ardenne. In: Dieter Hoffmann (Hrsg.): Physik im Nachkriegsdeutschland. Frankfurt a. M. 2003, S. 109.
26 Vgl. Gerhard Barkleit: Manfred von Ardenne. Selbstverwirklichung im Jahrhundert der Diktaturen. Berlin 2006, S. 183ff.
27 Vgl. die Firmenporträts in Reinhardt Balzk, Jürgen Leibinger (Hrsg.): Industrie-Geschichte der Stadt Dresden 1945–1990. Beiträge zum 800. Stadtjubiläum. Leipzig 2006, S. 124ff.
28 Vgl. Riedel, Unternehmen (Anm. 9), S. 86.
29 Vgl. Ulrich Blum: Der lange Schatten des Sozialismus: Folgen für die Wirtschaftspolitik in Ostdeutschland, List Forum für Wirtschafts- und Finanzpolitik, Bd. 34 (2008), H. 3, S. 216.
30 Vgl. Harry Maier: Mittelstand neue Bundesländer. In: Deutscher Bundestag (Hrsg.): Materialien der Enquete-Kommission »Überwindung der Folgen der SED-Diktatur im Prozess der deutschen Einheit. Bd. III/1. Wirtschafts-, Sozial- und Umweltpolitik. Baden-Baden 1999, S. 849.
31 Vgl. Hoffmann, Betriebe (Anm. 7), S. 117ff.
32 Vgl. Ebbinghaus, Ausnutzung (Anm. 7), S. 332.
33 Vgl. ebd., S. 333.
34 Abgedruckt in Kaiser, Knockout (Anm. 16), S. 265–272.
35 Vgl. Institut für Mittelstandsforschung Bonn: Mittelstand in den neuen Bundesländern. In: Bundestag, Materialien (Anm. 30), S. 703.
36 Vgl. Roesler, Enteignung (Anm. 7), S. 185.
37 Vgl. Spiridon Paraskewopoulos: Probleme und Erfolge des Mittelstands im ostdeutschen Transformationsprozeß nach 1990. In: Bundestag, Materialien (Anm. 30), S. 22.

Tanja Scheffler

»Jetzt brauchen wir Wohnungen, Wohnungen, Wohnungen – für Architektur haben wir hinterher Zeit«

Anmerkungen zum Wohnungsbau der Honecker-Ära

Mit dem 1973 vom Zentralkomitee (ZK) der SED beschlossenen »Wohnungsbauprogramm der DDR« verlagerte sich der Schwerpunkt des ostdeutschen Bauens von den aufsehenerregenden Zentrumsplanungen der Ulbricht-Ära auf die Errichtung meist peripher gelegener Großwohnsiedlungen. Dabei wurde vor allem die unter starken Einsparzwängen neu entwickelte Wohnungsbauserie 70 (WBS 70) eingesetzt: ein System, mit dem aus einem überschaubaren Sortiment industriell hergestellter Bauelemente sowohl Wohn- als auch Gesellschaftsbauten errichtet werden konnten.

Diese Plattenbauten galten nach der Wende lange Zeit als augenfällige Symbole der verfehlten Baupolitik der DDR. Denn aufgrund des staatlich stark forcierten, die meisten Ressourcen bindenden Neubauprogramms auf der grünen Wiese setzte – abgesehen von einzelnen prestigeträchtigen Rekonstruktionsprojekten (wie dem Wiederaufbau der Semperoper) – ein rapider Verfall der Altbausubstanz[1] ein. Zudem kam es aufgrund der zunehmend ausgedünnten Typensortimente der Wohnungsbaukombinate (WBK) zu einem »allgemeinen Niedergang der Baukultur«.[2] Der die grundlegenden gestalterischen Leitlinien des ostdeutschen Bauwesens entscheidend mitbestimmende Architekt Hermann Henselmann meinte dazu nur salopp: »Jetzt brauchen wir Wohnungen, Wohnungen, Wohnungen – für Architektur haben wir hinterher Zeit.«[3]

Das Wohnungsbauprogramm und die neue Wohnungsbauserie 70

Bei seiner Machtübernahme versprach Erich Honecker den Menschen in der DDR eine spürbare Verbesserung ihres Lebensstandards. Eine erste zum VIII. Parteitag des ZK der SED erstellte Bilanz brachte jedoch ernüchternde Erkenntnisse: 1971 gab es für die 6 403 573 landesweit anerkannten Haushalte nur 6 057 032 Wohnungen.[4] Diese waren »nicht bedarfsgerecht« verteilt, meist zu klein, nur mit rudimentärer Sanitärausstattung versehen und zeigten bei den Altbauten bereits einen »sich stark manifestierenden Verfall«.[5] Denn die Baupolitik hatte bislang vor allem den Industriebau sowie die großflächigen Zentrumsneugestaltungen forciert. Die von Friedrich Engels ausgiebig

Dresden-Coschütz, sechsgeschossige WBS 70 im Wohngebiet Kohlenstraße, Aufnahme 1992

erörterte »Lösung der Wohnungsfrage« war allerdings ein zentraler Aspekt der ideologischen Legitimation des neuen gesellschaftlichen Systems. Bereits 1968 war das Recht jedes Staatsbürgers auf Wohnraum in die Verfassung der DDR aufgenommen worden. Daher sollte diese Wohnungsnot nun mit dem 1973 zum »Kernstück der Sozialpolitik« deklarierten Wohnungsbauprogramm sowie einer deutlich effizienteren Fertigung beseitigt werden. Als zentraler Motor zur Erreichung des hoch gesteckten Zieles, drei Millionen Wohnungen im Zeitraum von 1976 bis 1990 neu zu bauen oder zu modernisieren, galt dabei die neue Wohnungsbauserie 70, die von da an den gesamten Wohnungsbau dominierte.

Diese war ab 1968 von einer Forschungsgruppe der Deutschen Bauakademie unter der Leitung von Wilfried Stallknecht und Achim Felz entwickelt worden, mit dem zentralen Ziel, die vielen variantenreichen bisherigen (aus der Sicht der Bauökonomen unwirtschaftlichen) Typenserien P1, QP und P2 durch eine einzige neue, deutlich rationellere Serie mit reduziertem Sortiment zu ersetzen. Diese wurde 1973 in der Koszaliner Straße in Neubrandenburg zum ersten Mal angewendet.[6] Darauf aufbauend entwickelte das Baukombinat Dresden dann mit der WBS 70/Dresden auch eine regionale Variante: ein erster Versuchsbau wurde 1974 in der Comeniusstraße errichtet, ab 1975 ging sie mit einer Produktionsrate von rund 2 000 Wohnungen pro Jahr in Serie.[7]

Die »Straße der Befreiung«

In den ersten Nachkriegsjahren waren in der Inneren Neustadt Dresdens viele historische Bauten abgetragen und teilweise auch gesprengt worden. Diese Flächen hatte man immer wieder neu beplant. Doch die Brachen blieben. Daher wurde die damalige »Straße der Befreiung« (heute Hauptstraße) ab 1974 mit einem architektonisch anspruchsvollen, prestigeträchtigen Plattenbau-Ensemble aus der modifizierten WBS 70/ Dresden-Serie bebaut. Sie wurde 1979, im Kontext der Feierlichkeiten zum 30. Jahrestag der Gründung der DDR, der Bevölkerung offiziell übergeben.

Diese anfangs als reine Wohngebäude konzipierten fünfgeschossigen Typenbauten wurden nun, um das einladende Ambiente einer innerstädtischen Fußgängerzone zu kreieren, in der Sockelzone mit in den Stadtraum vorspringenden, damals »Funktionsunterlagerung« genannten Ladenzeilen versehen. Dies war eine auch aus Sicht der Bauakademie überaus innovative, später landesweit angewandte Idee. Die neuen Gebäude an der Hauptstraße orientierten sich dabei wieder an den überlieferten Firsthöhen und Fluchtlinien. Außerdem wurden einige noch erhaltene historische Bürgerhäuser auf der westlichen Seite rekonstruiert (darunter auch das ehemalige Wohngebäude des romantischen Malers Gerhard von Kügelgen) und in den mit Bäumen bestandenen Straßenzug integriert. Der Bereich des ehemaligen Neustädter Marktes und der Großen Meißner/Großen Klosterstraße (heute Köpckestraße) erhielt dagegen eine völlig neue, nach Süden offene Struktur.[8]

Damit schufen die Planer ein ganz im sozialistischen Zeitgeist liegendes Ensemble: eine neue Fußgängerzone aus Plattenbauten, die die barocken, auf den damaligen »Platz der Einheit« (heute Albertplatz) ausgerichteten Blickachsen wieder aufnimmt.[9] Da das Typensystem jedoch vorgegebene Gebäudelängen besaß, wird der Boulevard seitdem durch zwei weitgehend geschlossene Gebäudezeilen flankiert, die mehrere historische Querstraßen überbauen und den Zugang in die dahinter liegenden Viertel nur durch Aussparungen im Erdgeschossbereich ermöglichen. Dies ist im Bereich des Obergrabens und der Heinrichstraße durch einen partiellen Rück- und Neubau mit zeitgenössischen Wohn- und Geschäftshäusern vor einigen Jahren jedoch nachträglich wieder verändert worden.

Der komplexe Wohnungsbau

Bereits ab den frühen 1970er Jahren wurden die zur Verfügung stehenden Investitionsmittel immer mehr auf den Wohnungsbau konzentriert. Dabei entstanden im Dresdner Stadtgebiet auf mehreren während des Krieges zerstörten oder später freigeräumten Arealen u.a. in der Johannstadt-Nord (1972–1975), an der Bodenbacher Straße (1974–1976) sowie in Leuben (1970–1974) neue kleinere Wohnkomplexe. Von 1971 bis 1981 wurden jedoch landesweit rund 90 Prozent des Wohnungsneubaus in peripher gelegenen Großwohnsiedlungen auf zuvor landwirtschaftlich genutzten Flächen realisiert.[10] Daher verlagerte sich auch in Dresden das Baugeschehen an den Stadtrand. Dabei entstanden in Zschertnitz (1971–1976), Prohlis (1976–1980), an der Kohlenstraße in Coschütz (ab 1980) sowie in Gorbitz (1981–1989) weitere Wohnge-

Blick vom Neustädter Markt nach Norden in die »Straße der Befreiung« (heute Hauptstraße), Aufnahme 1980

biete und Großwohnsiedlungen.[11] Der verstärkte Einsatz der WBS 70 galt damals als Grundvoraussetzung für die angestrebte Steigerung der Wohnungsproduktion. Dieses Elementesortiment ermöglichte die Kombination von verschiedenen Wohnungsgrößen (bis hin zu Maisonetten) sowie neben der üblichen fünf- oder sechsgeschossigen Zeilenbauweise prinzipiell auch die Errichtung von Würfel- sowie Punkt- oder aber Scheibenhochhäusern. Im Vergleich zum fünfgeschossigen Wohnungsneubau ohne Aufzug erforderte die Errichtung zehngeschossiger Wohnhäuser jedoch einen Mehraufwand von 22 Prozent, der Bau von 17-Geschossern sogar 45 Prozent.[12]

Durch die Entwicklung von Zwischen- und Ecksegmenten sowie eines neuen, auch Kurven fahrenden Krans konnten mit der WBS 70 – statt der vorher üblichen schnurgeraden Baufluchten – nun auch (teilweise geschwungene oder aber abgeknickte) Blockrandbebauungen errichtet werden. Der Abstand der Gebäude untereinander richtete sich dabei nach dem Schwenkbereich des Krans und die Art der Gebäude nach dem aktuellen Angebot der Betonwerke. Die Dresdner Neubaugebiete dieser Ära wurden anfangs größtenteils aus fünf- oder sechsgeschossigen sowie zehn- oder elfgeschossigen Wohnzeilen errichtet und dann mit einigen wenigen 17-geschossigen Punkthochhäusern akzentuiert.[13] Die Plattenelemente dafür fertigten die Betonwerke in der Johannstadt sowie in Sporbitz.

Dresden-Prohlis, Wohnungsneubau mit sechsgeschossigen WBS 70, zehngeschossigen IW 67 (rechts dahinter) und 17-geschossigen WHH 17 (links dahinter), Aufnahme um 1981

Die Dresdner Großwohnsiedlungen

Die erste Planungsphase des für etwa 30 000 Bewohner vorgesehenen Neubaugebietes Prohlis begann 1970 noch ganz vielversprechend mit einem städtebaulichen Ideenwettbewerb, der auch den zukünftigen Zentrumsbereich des Viertels intensiv thematisierte. Dabei kristallisierte sich die Idee von vier verschiedenen Bauabschnitten heraus: zwei Wohnkomplexe zwischen der Niedersedlitzer und der Dohnaer Straße, ein weiterer mit »Sternhäusern« an der Windmühlenstraße sowie ein vierter, der an Altreick angrenzt.[14] Während der Bauphase (1976–1980) hatte der Wohnungsbau dann erst einmal absoluten Vorrang. Dabei kamen vor allem sechs- oder aber zehngeschossige Typenbauten der Serienreihen WBS 70 und IW 67 zum Einsatz. An den Schlusspunkten der zentralen Magistrale (Prohliser Allee) wurden als städtebauliche Landmarken 17-geschossige Hochhäuser der Typenreihe WHH 17 platziert. Außerdem entstanden Schulen, Kindergärten, Kinderkrippen und kleinere Kaufhallen. Die Freiflächengestaltung wurde nur schrittweise und partiell umgesetzt.[15] Viele der im Stadtteilzentrum geplanten Gebäude wurden immer wieder auf unbestimmte Zeit verschoben. Parallel dazu wiesen die Planer weitere Reserveflächen aus, auf denen nach dem (vermeintlich erfolgreichen) Abschluss des Wohnungsbauprogramms weitere Gesellschafts- und Sozialbauten errichtet werden sollten, darunter eine

Dresden-Gorbitz, Blick nach Südosten auf die Neubauten am Omsewitzer Ring, Aufnahme 1990

Schwimmhalle am Freibad und ein Freizeitzentrum an der Kiesgrube. Auch diese Projekte wurden nicht mehr realisiert.[16]

Die größte Dresdner Neubausiedlung ist Gorbitz (1981–1989, anfangs für etwa 45 000 Bewohner vorgesehen). Hier waren ursprünglich nur drei Wohnkomplexe geplant. Aufgrund der durch die Hanglage bedingten sehr aufwändigen Erschließung und Gründung entschied sich der Rat der Stadt im Zuge der immer rigider werdenden staatlichen Vorgaben später jedoch für einen weiteren vierten Wohnkomplex. Für die städtebauliche Mittelachse (Höhenpromenade) war eigentlich eine lockere Bebauung aus mehreren Sonderbauten mit integrierten gesellschaftlichen Einrichtungen (Bierstuben, Cafés, Läden) vorgesehen. Diese wurde aufgrund der beschränkten Ressourcen der DDR später allerdings ersatzlos gestrichen.[17] Denn die Errichtung dieses Neubaugebietes fiel bereits in die wirtschaftlich äußerst kritische Spätphase der DDR, in der die begonnenen Wohnungsbauprojekte aus sozialpolitischen Gründen zwar unbedingt weitergeführt werden sollten, jedoch unter massiven Einsparungen bei der grundsätzlichen Ausstattung der Siedlungen sowie der Produktion und dem Ausbau der Bauten.[18] Dabei mutierten die sechsgeschossigen WBS-70-Typenbauten ohne Aufzug dann zur Monotonie verursachenden Standardlösung.

Die Zwölfeckhäuer

Der Dresdner Architekt Manfred Zumpe beschäftigte sich angesichts der zunehmenden Eintönigkeit der landesweit eingesetzten Typenbauten bereits bei seiner Promotion an der TU Dresden mit der Entwicklung neuer Wohnformen auf der Grundlage verschiedener vorgefertigter Elemente. Anschließend realisierte er als Leiter einer Entwurfsabteilung des Berliner Wohnungsbaukombinats unter anderem auch die stadtbildprägenden Wohnhochhäuser auf der Fischerinsel sowie den Wohnkomplex an der Karl-Liebknecht-Straße in Ost-Berlin. Als er 1972 in das wenige Monate später enteignete, in VEB Ingenieur-, Hoch- und Tiefbau Ottendorf-Okrilla / Dresden umbenannte Bauunternehmen seines Vaters zurückkehrte, hatte er eine vielversprechende Entwurfsstudie für ein 30-geschossiges Hochhaus im Gepäck. Daher etablierte er – nun als Betriebsleiter des im Verbund der Wohnbaukombinate agierenden Unternehmens – eine neue firmeninterne Planungsabteilung, um in Eigenregie (ohne staatlichen Auftrag) technologische Alternativen und deutlich flexiblere Baumethoden entwickeln zu können, die auch im industriellen Wohnungsbau gestalterische Freiräume und städtebauliche Variabilität ermöglichen.

Dabei entstand eine neue Wohnungsbauserie mit verschiedenen Kombinationsmöglichkeiten als »Zwölfeckhaus«, »Pfeilhaus«, »Reihbares Punkthaus« oder »Atriumhaus« mit markanten Vieleckformen und diagonal zwischen diesen Ecken angeordneten Loggien. Diese Bauten wurden in einer modernen Mischbauweise errichtet: Die Innen- und Außenwände wurden monolithisch vor Ort im Großflächenschalverfahren betoniert, die Geschossdecken in der herkömmlichen Montagebauweise mit industriell vorgefertigten Betonplatten ausgeführt.[19] Aufgrund der deutlichen Senkung der Baukosten im Vergleich zur WBS-70-Typenreihe sowie der starken Einsparung von besonders knappen Materialien (beim Zwölfeckhaus benötigte man 40 Prozent weniger Bewehrungsstahl) übernahm der Rat des damaligen Kreises Dresden-Land ab 1975 die Projektierung und ließ – parallel zu den üblichen Typenreihen – mehrere Zwölfeckhäuser in Ottendorf-Okrilla, Arnsdorf und Radeberg errichten. Der erste 1977 realisierte fünfgeschossige Prototyp avancierte sofort zur Pilgerstätte für ostdeutsche Architekten, die dem industriellen Bauen eine größere Qualität abringen wollten. Denn dieses neue System ermöglichte neben den sich plastisch auffächernden Fassaden, variablen Höhenstaffelungen und verschiedenen Baukörpervarianten auch vielfältige Kombinationen von unterschiedlich großen Wohnungen.

Später waren aus diesem System eine gekrümmte Platzwand am Postplatz sowie ein größeres Ensemble im Neubaugebiet Gorbitz geplant. Denn im Bezirk Dresden wurde eine weitere Anwendung dieser Technologie zeitweise als Ergänzung zum herkömmlichen industriellen Wohnungsbau vorgesehen. Dabei sollten an der zentralen Mittelachse in Gorbitz 625 Wohnungen in zehn Gebäuden mit pfeilartigem Grundriss errichtet und die Steigung des Hangs durch eine komplexe Höhenstaffelung der Gebäude von fünf bis zehn Geschossen ausgeglichen werden. Dabei wurden in der Erdgeschosszone gesellschaftliche Einrichtungen des Handels und der Gastronomie sowie Gemeinschaftsräume für die Bewohner vorgesehen.[20] Höhengestaffelte Außen-

Das erste Zwölfeckhaus in Ottendorf-Okrilla während der Bauphase (mit rotierendem Kran), Aufnahme 1977

anlagen mit Terrassen, Bastionen und großzügigen Treppenanlagen sollten im Freibereich für eine angenehme Atmosphäre sorgen. Nachdem das Fundament für das erste achtgeschossige Pfeilhaus fertiggestellt war, wurde jedoch vom Ministerium für Bauwesen ein grundsätzliches Verbot ausgesprochen, außerhalb von Ost-Berlin (und einigen wenigen Prestigevorhaben in ausgewählten Bezirksstädten) vielgeschossige Scheiben- und Punkthochhäuser zu errichten. Daher wurden beide Projekte, am Postplatz und auch in Prohlis, abgeblasen.

Hintergrund für diese Restriktionen war neben den deutlich höheren Baukosten und der allgemeinen Knappheit an Baumaterialien (bei hohen Gebäuden werden deutlich größere Mengen Baustahl benötigt) und Ausstattungen (vor allem Fahrstühlen) auch die extreme Bevorzugung der – damals als Schaufenster zum Westen fungierenden – Hauptstadt der DDR beim Wohnungsbau.[21] Daher kam diese ungewöhnliche neue Bauweise dann stattdessen im Ost-Berliner Ernst-Thälmann-Park zum Einsatz – bei einem der Prestigeprojekte zur 750-Jahr-Feier der Stadt. Die umfangreichen Kapazitätsverlagerungen im Bauwesen von den Bezirken in die Hauptstadt sorgten in der Spätphase der DDR sowieso ständig für Kontroversen. Als der Bezirk Dresden 1989 unter der Leitung von SED-Bezirkschef Hans Modrow versuchte, Teile der geforderten Hilfeleistungen sowie den Abzug der Bauarbeiter nach Berlin zu verweigern, entsendete das ZK der SED

Innerstädtische Neubauten am damaligen »Platz der Einheit« (heute Albertplatz), Aufnahme 1987

sofort eine größere Untersuchungskommission unter der Leitung von Günter Mittag.[22] »[...] insgesamt flog die Parteiführung über hundert Leute ein, die den Bezirk auf Vordermann bringen sollten«.[23] Obwohl der Abschlussbericht Zweifel »an der Erfüllbarkeit des Wohnungsbauprogramms im Bezirk« einräumte, kam die Kommission zu dem Schluss, dass es sich hier lediglich um »überhöhte Forderungen von Bürgern« handeln würde, die erneut entschieden zurückgewiesen werden müssten.[24]

Bauen in der Innenstadt

Denn seit den späten 1970er Jahren nahmen viele Dresdner die Widersprüche zwischen den offiziellen Erfolgsmeldungen des Wohnungsbauprogramms und der realen Situation vor Ort nicht mehr hin. Immer wieder kritisierten sie die fehlenden Qualitäten der Freiflächen und öffentlichen Räume sowie den offensichtlichen Verfall der Altbauquartiere. Mehr als die Hälfte der etwa 13 000 jährlichen Eingaben an die lokale Stadtverwaltung bezogen sich auf das Thema »Wohnungsprobleme«. Sie dokumentieren auch heute noch sehr anschaulich anhand der mitgelieferten Fotoaufnahmen die katastrophalen Zustände vieler Bauten zur damaligen Zeit.[25]

Nach der ungefilterten Publikation der systemkritischen Beiträge einer Tagung der zentralen Arbeitsgruppe »Architektur und Bildende Kunst« des Verbandes Bildender Künstler (VBK) und des Bundes der Architekten (BdA) zur »Komplexen Stadtgestaltung« (1981), bei der auch herbe Kritik am Plattenbauprogramm sowie der damit einhergehenden »Bekunstung« dieser Bauten geübt wurde (»Wie in anderen Ländern wächst auch bei uns der Überdruß an Produkten ästhetischer Selbstdarstellung von Technik und Ökonomie, die dem Menschen wenig Heimat schaffen helfen. Da kann die bildende Kunst nicht ersetzen, was die Architektur nicht selbst anbietet. Man kann nicht bildkünstlerisch reden, wenn die Steine schweigen!«[26]), wurden die wichtigsten Akteure noch als »Konterrevolutionäre« eingestuft, von ihren Ämtern enthoben und teilweise sogar mit Berufsverboten belegt.

Zeitgleich drangen jedoch auch die Ergebnisse der soziologischen Studien der HAB Weimar nach Berlin durch, die eindrucksvoll belegten, dass die Wohnzufriedenheit in den Neubaugebieten deutlich geringer ausfiel als in Städten mit hohem Altbauanteil und dass dazu neben dem teilweise unwirtlichen Umfeld auch die langen, zeitaufwendigen Arbeits- und Transportwege ganz entscheidend beitrugen.[27] Als parallel dazu auch noch bei den Untersuchungen zur langfristigen Standortkonzeption für den komplexen Wohnungsbau im Rahmen der Generalplanung der Stadt Dresden herauskam, dass der extensive Großwohnsiedlungsbau an der Peripherie aufgrund der aufwendigen Erschließung und neu zu etablierenden Infrastruktur deutlich teurer ist als die innerstädtische Lückenbebauung (bei den extensiven Dresdner Standorten um rund 40 Prozent), setzte auch im ZK der SED ein Umdenken ein. Im Mai 1982 verabschiedete das Politbüro die neue Doktrin des »Bauens in der Innenstadt«,[28] nach der bei allen neu anlaufenden Projekten nun vorzugsweise auf Brachen im Stadtzentrum gebaut werden sollte: offiziell vor allem wegen der »Pflege des Stadtbildes« sowie des »Wohlbefindens der Bürger«.

Im Zuge dieses neuen städtebaulichen Leitbildes sind in Dresden bis zur Wende eine ganze Reihe neuer innerstädtischer Plattenbauten mit differenzierter Gestaltung entstanden: darunter erste Experimentalbauten am Martin-Luther-Platz, das Ensemble rund um den damals noch »Platz der Einheit« genannten Albertplatz sowie mit der Münzgasse auch bereits ein erster Straßenzug im Neumarkt-Umfeld. Doch das ist bereits ein anderes, ebenfalls hochinteressantes, bislang noch nicht hinreichend erforschtes Thema.

Anmerkungen

1 Dieter Schölzel: Zwischen Triumph der Semperoper und Verfall der Neustadt. In: Dresdner Geschichtsverein (Hrsg.): In der Krise des Systems. Dresden in den achtziger Jahren. Dresden 2010 [= Dresdner Hefte, 28 (2010) H. 1], S. 6–17; Wolfgang Hänsch: Plattenbau und Stucco Lustro. In: Dresdner Geschichtsverein (Hrsg.): Großstadt des Sozialismus? Dresden in den siebziger Jahren. Dresden 2005 [= Dresdner Hefte, 23 (2005) H. 1], S. 14–20.

2 Thomas Topfstedt: Einleitung. In: Holger Barth, Thomas Topfstedt: Vom Baukünstler zum Komplexprojektanten. Erkner 2000, S. 9–23, hier S. 20.

3 Zit. nach: Manfred Sack: Architekten der DDR. Ein Beruf, der sich neu erfindet. In: Die Zeit, Printausgabe vom 6. 4. 1990; ZEIT Online, www.zeit.de/1990/15/ein-beruf-der-sich-neu-erfindet [Zugriff 5. 11. 2016].

4 Nach: Wolfgang Scheumann, Peter Marcuse: Wohnungsprobleme und widersprüchliche Wohnungspolitiken. In: Peter Marcuse, Fred Staufenbiel (Hrsg.): Wohnen und Stadtpolitik im Umbruch. Perspektiven der Stadterneuerung nach 40 Jahren DDR. Berlin 1991, S. 157–171, hier S. 158 f.

5 Nach: Scheumann, Marcuse, Wohnungsprobleme (Anm. 4), S. 159.

6 Harald Engler: Wilfried Stallknecht und das industrielle Bauen. Berlin 2014, S. 46–51, 91–113.

7 Siegmar Schreiber, Erich Kuphal: Mehrgeschossige Wohnungsbauserie 70 in Dresden. In: AdDDR [= Architektur der DDR], 25 (1976), H. 8, S. 492–499.

8 AdDDR, 30 (1981) H. 4 [= Themenheft zur »Straße der Befreiung«]. Städtebauliche Konzeption durch Dr. Heinz Michalk, Kurt W. Leucht u. a.; Planung der WBS 70/Dresden durch S. Schreiber, W. Schumann, E. Kuphal u. a.; Planung der Ladenunterbauten durch Günter Gruner, Heinz Mersiowsky u. a.

9 Tanja Scheffler: Dresden – Vom schnellen Scheitern der sozialistischen Städtebaukonzepte. In: Deutschland Archiv 45 (2012), H. 4, S. 666–680, hier S. 671 f.

10 Vgl. Thomas Topfstedt: Wohnen und Städtebau in der DDR. In: Ingeborg Flagge (Hrsg.): Geschichte des Wohnens. Band 5. 1945 bis heute. Stuttgart 1999, S. 421–557, hier S. 534 f.

11 Heinz Michalk: Komplexer Wohnungsbau in Dresden. In: AdDDR 27 (1978), H. 4, S. 206–209.

12 Nach: Topfstedt, Wohnen und Städtebau (Anm. 10), S. 518.

13 Susann Buttolo: Planungen und Bauten in der Dresdner Innenstadt zwischen 1958 und 1971. Dissertation TU Dresden 2010, S. 259.

14 Annette Dubbers u. a.: Prohlis – Aus der Geschichte eines Dresdner Stadtteils. Dresden 2012, S. 48–59. Die Projektleitung in Prohlis lag bei Dr. Udo Fehrmann.

15 Anita Maass: »Die Fragen zur Freiflächengestaltung sind in keiner Weise beantwortet.« In: Dresdner Geschichtsverein, Großstadt des Sozialismus (Anm. 1), S. 30–37.

16 Dubbers, Prohlis (Anm. 14), S. 51.

17 Norbert Göller: Gorbitz – Aus der Geschichte eines Dresdner Stadtteils. Dresden 2002 [2. veränd. Aufl.], S. 30–50. Die Projektleitung in Gorbitz lag bei Jörg Bösche.

18 Ministerrat der DDR und Ministerium für Bauwesen (Hrsg.): Komplexrichtlinie für die städtebauliche Planung und Gestaltung von Wohngebieten im Zeitraum 1985–1990. Berlin/DDR 1985.

19 Manfred Zumpe: Studie für eine punkterschlossene Wohnungsbauserie. In: AdDDR, 25 (1976), H. 4, S. 224–229.

20 Manfred Zumpe: Experimentalbau »Zwölfeckhaus«. In: AdDDR 27 (1978), H. 4, S. 238–240; hier S. 240. Die Bauten in Prohlis konzipierten Dr. Manfred Zumpe, Dr. Jürgen Barth und Christa Steinbrück, die Postplatzbebauung Zumpe und Steinbrück.

21 Erste Materialeinsparprogramme ab 1979, vgl.: Wilfried Pfau: Stand und Tendenzen bei der städtebaulichen Planung und Gestaltung von Bebauungskonzeptionen für Neubaugebiete. In: AdDDR 30 (1981), H. 5, S. 265–271.

22 Mario Niemann: Die Sekretäre der SED-Parteileitung 1952–1989, Paderborn 2007, S. 325–336. Günter Mittag war der auf Wirtschaftsfragen der Planwirtschaft spezialisierte Leiter des Büros für Industrie- und Bauwesen des ZK der SED.

23 Hans Modrow: Ich wollte ein neues Deutschland. Berlin, 2. Aufl. 1998, S. 246.

24 BArch, DY 30/JIV2/2/2317, Bl. 14–23, Zit. nach: Niemann, Sekretäre (Anm. 22), S. 331.

25 Thomas Kübler: »So wende ich mich mit dieser Eingabe …«. In: Dresdner Geschichtsbuch 12. Altenburg 2007, S. 250–269, hier 253–257. Vgl. Scheffler, Dresden (Anm. 9), S. 679.

26 Bund der Architekten der DDR (Hrsg.)/Wolfgang Kil (Red.): Komplexe Stadtgestaltung in den 80er Jahren. Berlin 1982 [= Tagungsband ohne vorgeschaltetes Druckgenehmigungsverfahren], Vortrag Bruno Flierl, S. 4–24, hier S. 16.

27 Max Welch Guerra: Fachdisziplin und Politik. In: Christoph Bernhardt u. a.: Städtebau-Debatten in der DDR. Verborgene Reformdiskurse. Berlin 2012, S. 42–70, hier S. 57 f.

28 Florian Urban: Berlin/DDR – neo-historisch. Geschichte mit Fertigteilen. Berlin 2007, S. 22 f.

Michael Beleites

Die einzige osteuropäische Stadt

Dresden in der Auseinandersetzung mit der Umweltkrise

»Außer Raum Dresden« – so haben in der DDR viele Menschen das Kürzel ARD übersetzt. An Hohn und Spott über das beim Empfang des Westfernsehens benachteiligte Gebiet hat es nie gefehlt: Als »Tal der Ahnungslosen« wurde das Elbtal oft gesehen – und seine Bewohner als hinterwäldlerisch betrachtet. Wenn man aber in den 1980er Jahren aus einer anderen Region der DDR nach Dresden kam, so war man positiv überrascht, dass gerade hier ein freierer Geist wehte und die Menschen viel offener waren und einen weiteren Horizont hatten als andernorts. Die Kluft zwischen den politisch Oppositionellen und der übrigen Bevölkerung war hier weniger tief, die Übergänge zwischen Angepassten und Unangepassten waren fließender – und die Extreme auf beiden Seiten weniger extrem. Es herrschte eine irgendwie angstfreiere Atmosphäre als in Leipzig, Jena oder Ost-Berlin. Insoweit war Dresden vielleicht der einzige wirklich osteuropäische Ort in der DDR: Eine Stadt, die ein Flair hatte, das mit dem in Budapest, Krakau oder Wilna jener Jahre vergleichbar war.

Vielleicht bedeutete ja die Abwesenheit des Westfernsehens hier schlicht und einfach eine Abwesenheit des Fernsehens überhaupt? Denn wer wollte sich schon das Ost-Fernsehen zumuten? Vielleicht hatte Dresden trotz der Zerstörung im Februar 1945 noch so viel Tradition und kulturelle Substanz in der Stadt sowie berührende Natur- und Kulturlandschaft im Umland, dass man es hier gar nicht als einen Mangel wahrnahm, nicht die ganze Freizeit vor der »Glotze« verbringen zu können. Vielleicht war Dresden in den 1980er Jahren die letzte deutsche Großstadt, in der ein von elektronischen Medien unabhängiges Bewusstsein existierte? Wenn es nun ein solches besonderes Bewusstsein im Vor-Wende-Dresden gab, wie hat sich das auf die Auseinandersetzung mit der Umweltkrise ausgewirkt? Was war in Dresden anders?[1]

Zunächst war Dresden von den äußeren Bedingungen her eher durchschnittlich beeinträchtigt: Dresden war eine kohlebeheizte Stadt, wo sich im Talkessel der Elbe die dicke Luft staute, die zudem von Industrieabgasen insbesondere aus Freital und Heidenau angereichert wurde. Aber das sonstige Umland blieb weitestgehend unangetastet. Im Gegensatz zu Leipzig war Dresden nicht von Braunkohletagebauen und Chemieindustrie eingekreist. Wer zum Skifahren nach Altenberg kam, konnte jedoch den toten Wald nicht übersehen, die flächenhaft abgestorbenen Fichtenforste in den Kammlagen des Osterzgebirges. Und in Gittersee gab es den einzigen Uranbergbau-

»Es Reich(el)t uns!«: In Anspielung auf den langjährigen DDR-Umweltminister Hans Reichelt demonstrierte Klaus Gaber mit einer abgestorbenen Kiefer auf dem Dresdner Theaterplatz

Standort Europas, der unmittelbar am Rande einer Großstadt lag.[2] Die Elbe war dreckig, aber als ein die Stadt prägender Strom wahrnehmbar – und wirksam. Schon dieses Durchflossensein der Stadt von Wassern, die aus dem böhmischen Becken kommend über Prag, Dresden und Hamburg in die Nordsee strömten, ließ für viele Dresdner die Zumutungen des DDR-Alltags klein und nichtig erscheinen.

Vielleicht hat dieses Eingebettetsein in gesamteuropäische Zusammenhänge und die Beheimatung an einem geschichtsträchtigen Ort den Dresdnern auch das nötige Selbstwertgefühl und den Mut verliehen, sich zu den brennenden Fragen der Zeit klar und deutlich zu artikulieren? So war es eben nicht verwunderlich, sondern folgerichtig, dass die meisten entscheidenden Initiativen für die oppositionelle Basisgruppenarbeit in der DDR von der Stadt Dresden ausgegangen sind, wo die westlichen Medien den geringsten Einfluss hatten. Dresden hatte nicht die lauteste und bekannteste, aber wohl die wirksamste oppositionelle Szene.

Dies ist insbesondere für die Anfang der 1980er Jahre entstandene Friedensbewegung festzustellen: Der evangelische Landesjugendpfarrer Harald Bretschneider initiierte von Dresden aus die Durchführung der ersten DDR-weiten Friedensdekade im November 1980, und im Zusammenhang mit dem Motto »Frieden schaffen ohne Waffen« kreierte er im Herbst 1980 das Symbol »Schwerter zu Pflugscharen«, das zum

Das Waldsterben vor der Haustür: Zwischen Altenberg und Zinnwald waren die Zeichen der heraufziehenden globalen Umweltkrise zu besichtigen

Bekenntniszeichen und Mobilisierungsfaktor der ostdeutschen Friedensbewegung wurde. Bretschneider ließ dies auf Vliesrollen in Herrnhut genehmigungsfrei drucken – zunächst als Lesezeichen, im Folgejahr als Aufnäher. 1981 ermutigte der Dresdner Pfarrer Christoph Wonneberger die Friedensbewegung mit seinem Aufruf für einen »Sozialen Friedensdienst« (SoFd). Da die waffenlosen Bausoldaten ständig im militärischen Bereich eingesetzt wurden, hatte diese Initiative eine gewaltige Resonanz unter potenziellen Wehrdienstverweigerern und Bausoldaten. Auch die Verknüpfung des Gedenkens an die Kriegszerstörung mit dem oppositionellen Engagement fällt in diese Zeit: Vor dem Hintergrund der Stationierung von Atomraketen in West- und Ostdeutschland hatte die Dresdner Gruppe »Wolfspelz« um Johanna Eibischbach mit einer Flugblattaktion für den 13. Februar 1982 dazu eingeladen, vor der Frauenkirchenruine gegen die Militarisierung zu protestieren. Die dann eilig zu einem Friedensforum geöffnete Kreuzkirche war völlig überfüllt, und über 6 000 junge Menschen nahmen an dem anschließenden Schweigemarsch zur Frauenkirchenruine teil.[3]

Schließlich hat Dresden auch bei der Herausbildung der Umweltbewegung eine herausragende Rolle gespielt. Kurz nach den ersten »Baumpflanzaktionen« kirchlicher Jugendgruppen in Schwerin und Rostock 1979 und 1980, aus denen sich die ersten Umweltgruppen entwickelten, etablierte sich auch in Dresden eine ökologische Bewe-

Beim Evangelischen Kirchentag 1983 hing ein aus Salatköpfen geknüpftes grünes Kreuz über dem Altarraum der Dresdner Kreuzkirche

gung. Um Klaus Gaber, Christine Pachaly, Maria Jacobi und Jörg Naumann bildete sich eine Umweltgruppe, die später zum Ökologischen Arbeitskreis der Dresdner Kirchenbezirke (ÖAK) wurde. Ihnen war es gelungen, die ökologische Frage zum Schwerpunktthema des Dresdner Evangelischen Kirchentages im Juli 1983 zu machen. Vom Turm der Kreuzkirche wehte eine Fahne mit einem grünen Kreuz und dem Kirchentagsmotto »Erste Hilfe für die Umwelt«. Klaus Gaber organisierte das ökologische Podium »Unsere Enkel wollen auch leben« in der Kreuzkirche. Das grüne Kreuz stand als Symbol über der Veranstaltung. An der Empore der Kreuzkirche hing ein großes Transparent mit der Aufschrift »Konsum kostet Leben.«

Etwas Bleibendes waren die erstmals zum Dresdner Kirchentag verteilten »Grünen Kreuze«. Hierbei handelte es sich um kleine Kreuze aus Keramik, die grün glasiert waren. Diese konnte man sich wie ein Knopf an die Kleidung annähen. Nun hatten auch die Angehörigen der Umweltbewegung ihr Symbol: Das Grüne Kreuz. Hier wurde der Bekenntnischarakter sogar noch deutlicher, denn im März 1984 verabschiedete das Vertretertreffen christlicher Umweltgruppen in Wittenberg einen »Brief zum grünen Kreuz«, der eine Art Selbstverpflichtung enthielt. Jeder, der das Grüne Kreuz bekam, erhielt von nun an auch diesen Brief dazu. Darin hieß es u. a.: »Ich bin bereit, als Teil der Natur brüderlich mit ihr umzugehen, sie zu achten und zu schützen. Ich bin bereit, meine eigene Lebensweise kritisch zu prüfen und zu verändern, weil ich weiß, daß es

Die erste Vollversammlung der Ökumenischen Versammlung fand am 13. Februar 1988 in der Dresdner Christuskirche statt

auch meine Ansprüche sind, die die Umwelt belasten und den Hungernden heute und meinen Enkeln morgen die Lebensgrundlage entziehen.« Auch dieser Dresdner Text zeugt von einer Perspektive, die weit über den Tellerrand der DDR hinausreichte. Während die Ost-Berliner Gruppen über die Thematisierung der Defizite des Ostens gegenüber dem Westen meist nicht hinauskamen, haben die Dresdner souverän den Osten dem Westen zur Seite gestellt und den Nord-Süd-Konflikt hervorgehoben sowie unsere Verantwortung gegenüber den kommenden Generationen thematisiert.

Das Eintreten für andere zeigte sich auch an zwei weiteren Initiativen des Dresdner Umweltkreises: Vom Gedanken einer »Öko-Solidarität« getragen war die Aktion »Saubere Luft für Ferienkinder« des Ökologischen Arbeitskreises der Dresdner Kirchenbezirke. Diese wurde beim Dresdner Kirchentag 1983 nach Gesprächen mit Teilnehmern aus Mölbis bei Espenhain initiiert.[4] Eine Untergruppe des ÖAK vermittelte für Kinder aus ökologischen Krisengebieten, insbesondere aus dem Südraum Leipzig um Espenhain und Rötha, Ferienaufenthalte an Orten mit sauberer Luft. Ein weiteres Beispiel für eine gelebte Öko-Solidarität der Dresdner Umweltgruppen mit den Umweltinitiativen im Südraum Leipzig war die Aktion »Eine Mark für Espenhain«. Nachdem Vertreter der Espenhainer Braunkohleschwelerei erklärt hatten, man habe leider kein Geld für eine Rauchgasreinigung, entstand die Idee einer Geldsammlung für die bedürftigen Betreiber dieser Dreckschleuder. Dass daraus eine der originellsten und weitreichendsten Protestaktionen wurde, hatte noch einen anderen Hintergrund: Unterschriftensammlungen waren in der DDR verboten, quittierte Spendensammlungen aber erlaubt. Wenn jeder nur eine Mark spendete, wusste man anhand der eingesammelten Summe, wie viele Menschen sich diesem Widerspruch angeschlossen hatten. Diese Idee des Ökologischen Arbeitskreises der Dresdner Kirchenbezirke griff das Christliche Umweltseminar Rötha auf und organisierte den Teil der Unterschriftensammlung vor Ort. Zusammen mit den Dresdnern hatte man bis Ende 1989 über 80 000 Mark gesammelt – das waren 80 000 Unterschriften für eine sofortige Umweltsanierung in Espenhain.

Diese Erfahrungen aus der Umweltbewegung wurden dann plötzlich bedeutsam für die revolutionäre Zeit: Als es in Dresden darum ging, für die aus der Demonstration vom 8. Oktober 1989 hervorgegangene Gruppe der 20 eine demokratische Legitimation zu erwirken, erinnerte man sich an die Aktion »Eine Mark für Espenhain«. Nach demselben Muster einer quittierten Spendensammlung sammelte man nun die nötigen Unterschriften zu einer Zeit, als Unterschriftensammlungen immer noch verboten waren.

Dresden war auch in anderer Hinsicht ein wichtiger Ort für die Anbahnung der Revolution des Herbstes 1989: Von hier kam die Initiative für die Ökumenische Versammlung der Kirchen in der DDR, deren erste Vollversammlung am 13. Februar 1988 in Dresden stattfand. Die Ökumenische Versammlung für Gerechtigkeit, Frieden und Bewahrung der Schöpfung führte mit ihren drei Vollversammlungen 1988 und 1989 in Dresden, Magdeburg und erneut in Dresden die an politischen Fragen interessierten Christen zusammen.

Im Sinne der ursprünglichen Intention Carl Friedrich von Weizsäckers, ein weltweites Konzil der Kirchen vorzubereiten, das eindeutige Handlungsorientierungen für eine globale Umkehr der Industriegesellschaften formuliert, hat die Ökumenische Versammlung in der DDR kaum etwas erreicht. Aber sie hatte an anderer Stelle ungeahnten Erfolg: Mit ihren zwölf Arbeitstexten, die sich im Wesentlichen auf die Situation in der DDR bezogen, formulierte sie die wohl bedeutendste Grundlage für die Inhalte der friedlichen Revolution von 1989 und 1990. In den Programmen fast aller neuen Parteien und demokratischen Initiativen fanden sich die Überlegungen der Ökumenischen Versammlung wieder. In einigen der neuen ostdeutschen Bundesländer – so in Sachsen – haben sie Eingang in die Verfassung gefunden. Und: Auch viele der Personen, die aktiv an der Ökumenischen Versammlung mitgewirkt hatten, fanden sich in den neuen Bewegungen wieder. Die Moderatoren der Ökumenischen Vollversammlungen wurden zu den Moderatoren des Zentralen Runden Tischs in Ost-Berlin.

Die langjährige Arbeit der Umweltbewegung war in die Ökumenische Versammlung der Kirchen für Frieden, Gerechtigkeit und Bewahrung der Schöpfung eingeflossen. Der »Konziliare Prozess« hatte alle Angehörigen der christlichen Kirchen in der DDR dazu eingeladen, über die aktuelle Situation in der Welt und in der DDR zu diskutieren und die sich dabei am deutlichsten herauskristallisierenden Fragen und Herausforderungen aufzuschreiben und der Geschäftsstelle der Ökumenischen Versamm-

»Bringt uns nicht (Silizi-)um!!!« Protestdemonstration vor den Toren der Baustelle des Reinstsiliziumwerkes in Dresden-Gittersee im Sommer 1989

lung zuzusenden. Auf diese Weise waren die Menschen an der Basis ermutigt worden, ihren Unmut in Worte zu fassen und sich in eine landesweite Bewegung einzubringen.

In Dresden entzündeten sich die ersten Demonstrationen des Jahres 1989 an einem Umweltthema: Eine Schließung des Uranbergbau-Standorts der SDAG Wismut in Dresden-Gittersee stand bevor. Die dort frei werdenden 2 000 Arbeitskräfte sollten mit der Errichtung eines großen Reinst-Siliziumwerkes aufgefangen werden, das für die Halbleiterproduktion benötigt wurde. Das Problem dabei war jedoch, dass die ständigen Transporte des leicht entzündlichen und hochgiftigen Grundstoffes durch das Dresdner Stadtgebiet führen sollten.

Davon hatte der Gemeindepfarrer von Coschütz und Gittersee Wilfried Weißflog erfahren, der umgehend die Brisanz des Vorhabens öffentlich machte. Um ihn gruppierte sich dann eine Umweltinitiative, die eine mächtige Protestbewegung organisierte. Bereits im Sommer 1989 erschienen 1 500 Dresdner zu einer Demonstration in Gittersee, die von der Polizei gewaltsam aufgelöst wurde. Doch die Gittersee-Proteste wurden stärker und stärker. Bis zum Einlenken des SED-Bezirkschefs Hans Modrow, der im Herbst 1989 das Projekt stoppte, entwickelte sich der Widerstand gegen das Reinst-Siliziumwerk zu einem entscheidenden Mobilisierungsfaktor der friedlichen Revolution in Dresden. Nach der offiziellen Entscheidung gegen das Reinst-Siliziumwerk fand im November 1989 ein Dankgottesdienst in der Dresdner Kreuzkirche statt. Zum Abschluss erhoben sich die Teilnehmer des Gottesdienstes zur ersten genehmigten Demonstration. Mit den Demonstrationszügen des Herbstes 1989 zog die Umweltbewegung aus der Kirche auf die Straße, in die Gesellschaft, in das öffentliche Leben.

Eng mit Dresden verknüpft ist auch die Vorgeschichte und Etablierung einer ökologischen Landwirtschaft in Ostdeutschland: Seit Beginn der 1980er Jahre gab es beim Kirchlichen Forschungsheim in Wittenberg einen überregionalen Arbeitskreis »Alternativen in der Landwirtschaft«, kurz: Landwirte-Kreis. Dieser bestand überwiegend aus Landwirten, die Bio-Bauern geworden wären, wenn sie in der DDR überhaupt die Möglichkeit gehabt hätten, selbständige Bauern zu werden. Moderiert wurde der Kreis von dem Forschungsheim-Mitarbeiter Gerd Pfeiffer. Nach dessen Weggang vom Forschungsheim formierte sich der Landwirte-Kreis 1988 neu als überregionale Arbeitsgemeinschaft für Ökologischen Landbau »Gäa« beim Ökologischen Arbeitskreis der Dresdner Kirchenbezirke. Aus dieser Arbeitsgemeinschaft entstand 1990 der ostdeutsche Anbauverband für Ökologischen Landbau »Gäa«.

Das, was die ostdeutschen Umweltaktivisten dazu antrieb, sich in die revolutionäre Bewegung von 1989 hineinzustellen, ja sie sogar mit anzuführen, war das gemeinsame Ziel der Freiheit! Ihnen ging es dabei aber nicht um die Freiheit, den Ressourcenverbrauch zu vervielfachen und die dreckigen Seiten der Wohlstandsgesellschaft nach Fernost und auf die Südhalbkugel unserer Erde zu exportieren. Sie wollten endlich die Freiheit dazu haben, sich auch mit ökologisch agierenden Menschen andernorts zusammentun zu können, um sich auf eine möglichst effiziente Weise an der Lösung der anstehenden regionalen und globalen ökologischen Probleme zu beteiligen. Ihnen ging es um die Freiheit zum Mitwirken. Viele haben die sich nun bietenden Chancen ergriffen und sich auf ganz verschiedenen Ebenen eingebracht. Die deutlichsten Spuren hinterließ dieses Engagement auf der lokalen und regionalen Ebene.

Gerade in Sachsen hat sich gezeigt, dass die frühe Auseinandersetzung mit den Brennpunkten der ökologischen Debatte wie »Braunkohle«, »Chemieindustrie« sowie »Wismut« und »Waldsterben« den betroffenen Regionen wichtige Impulse verliehen hat. Hier wurde der Transformationsprozess früher, engagierter und vor allem mit einer größeren Bürgerbeteiligung auf den Weg gebracht als an anderen Orten. Und es wirkt bis heute fort, dass die Konfrontation mit ökologischen Problemlagen die Sensibilität für Belange der Allgemeinheit geschärft und die Bereitschaft zu ehrenamtlichen Tätigkeiten gestärkt hat. Die Früchte dieser Arbeit können sich sehen lassen – auch und gerade in Dresden: Die Wasser-Gruppe des Ökologischen Arbeitskreises der Dresdner Kirchenbezirke hat erreicht, dass hier – mit Unterstützung aus der Partnerstadt Hamburg – ein modernes und hoch effizientes Klärwerk errichtet werden konnte. Eine Dresdner Bürgerinitiative um Achim Weber hat erreicht, dass der Forschungsreaktor von Rossendorf abgeschaltet und seine radioaktiven Hinterlassenschaften – unter kritischer Begleitung der Öffentlichkeit – abtransportiert wurden.

Schließlich zeigten sich mehr und mehr neue ökologische Herausforderungen – und auch neue Akteure betraten die Bühne der Umweltdebatte. Hier seien nur die Initia-

Von einem europäischen Strom durchflossen: Schon vor der Greenpeace-Aktion im Sommer 1989 vermittelte die Elbe den Dresdnern die grenzenlosen ökologischen Zusammenhänge

tiven für einen Ausbau regenerativer Energien, der Kampf für eine agrogentechnikfreie Landwirtschaft und für eine allgemeine Land-Wende sowie das ganze Feld der sogenannten Neuen Ökonomie genannt, das sich gerade heute besonders in Leipzig und Dresden mit vielen neuen Akteuren etabliert hat. Neu ist auch, dass es heute Binnenkonflikte innerhalb der ökologischen Bewegung gibt, die sich an den inhaltlichen Ausrichtungen entzünden: Auszutarieren sind hier zum Beispiel der Widerspruch zwischen vielen großen Windanlagen und der Erhaltung unwiederbringlicher Natur- und Kulturlandschaften oder das Problem einer bloßen Verlagerung von Umweltproblemen, wenn überdimensionierte Biogasanlagen für eine Konzentration von Mais-Monokulturen sorgen, die ihrerseits zu Humusabbau und Pestizidanreicherungen führen.

Vielleicht hilft es auch hier, sich an die Anfänge der weltweiten ökologischen Bewegung zu erinnern: Die Pioniere von Energiewende und Landwende haben stets für dezentrale Strukturen plädiert. Hieran knüpft auch die aktuelle Bewegung für eine Neue Ökonomie an: Ihr Grundgedanke ist die Erkenntnis, dass unbegrenztes Wachstum eine gefährliche Illusion ist. Unsere Erde ist endlich, ihre Ressourcen sind begrenzt. Eine von Wachstum abhängige Ökonomie kann also auf Dauer nicht funktionieren. Aus dieser Einsicht heraus entstand vor einigen Jahren unter Federführung von Niko Paech (Oldenburg) das Konzept einer Postwachstumsökonomie, also einer Neuen Ökonomie, die nach der heutigen wachstumsabhängigen Ökonomie kommen muss. Je früher sich diese Neue Ökonomie etablieren lässt, desto eher wird die Ausplünderung der Natur und der ärmeren Länder beendet und desto mehr Ressourcen können wir den nachfolgenden Generationen hinterlassen. So haben es sich auch in Sachsen an verschiedenen Orten Umweltinitiativen zu ihrer Aufgabe gemacht, für eine Neue Ökonomie einzutreten und einzelne Aspekte davon in kleinen, dezentralen Projekten bereits heute zu erproben. Hierher gehören insbesondere die für eine nachhaltige Stadtentwicklung eintretende Transition-Town-Bewegung sowie die Initiativen für Regionalwährungen. Die für den Raum Dresden geplante Regionalwährung heißt »Elbtaler«.

Und nun, da Dresden im westlich geprägten Medienzeitalter angekommen und das von elektronischen Medien unabhängige Bewusstsein auch hier entschwunden ist, stellt sich die Frage, was aus dem damals weiteren Horizont dieser Stadt geworden ist. Es gibt ihn noch! Dresden hat sich – aller saxophoben Stimmungsmache zum Trotz – seine Weitsicht bewahrt. Egal, wie man die in jüngster Zeit auf die Straßen getragenen Fragen bewertet: Dass sich die Dresdner auch heute nicht nur um ihre eigenen Lokalprobleme sorgen, ist offenkundig. Und wenn Wege zu einer Überbrückung der Kluft zwischen Angepassten und Unangepassten gangbar werden, dann wohl am ehesten in Dresden. Auf dem ökologischen Feld scheint zwar in der Euphorie über den Ausbau der Fotovoltaikanlagen die Frage in den Hintergrund geraten zu sein, wo und unter welchen Bedingungen eigentlich das Silizium dafür hergestellt wird. Aber die Notwendigkeit einer postfossilen Regionalentwicklung angesichts des absehbar knapper und teurer werdenden Erdöls wird hier sehr offensiv diskutiert.

Es ist wohl kein Zufall, dass heute wieder jene Erkenntnis in den Mittelpunkt der Debatten rückt, die Mitte der 1970er Jahre Impuls für die Entstehung der weltweiten ökologischen Bewegung war, zu der auch die unabhängige Umweltbewegung in der DDR gehörte: die Einsicht um die Grenzen des Wachstums.[5]

Anmerkungen

1 Vgl. auch Michael Beleites: Dicke Luft: Zwischen Ruß und Revolte. Die unabhängige Umweltbewegung in der DDR. Leipzig 2016.

2 Michael Beleites: Altlast Wismut. Ausnahmezustand, Umweltkatastrophe und das Sanierungsproblem im deutschen Uranbergbau. Frankfurt a. M. 1992.

3 Ehrhart Neubert: Geschichte der Opposition in der DDR 1949–1989. Bonn 1997.

4 Maria Jacobi, Uta Jelitto: Das Grüne Kreuz. Ökologischer Arbeitskreis der Dresdner Kirchenbezirke 1980 bis 1993. Dresden 1998.

5 Dennis Meadows: Die Grenzen des Wachstums. Bericht des Club of Rome zur Lage der Menschheit. Stuttgart 1972.

Peter Nothnagel

Konzepte der sächsischen Wirtschaftsförderung seit 1991

Die Situation nach der Wiedergründung des Freistaates Sachsen im Rahmen der deutschen Wiedervereinigung

Mit der deutschen Wiedervereinigung waren die bisherigen industriellen Wirtschaftsstrukturen in Sachsen – geprägt von den in Kombinaten verbundenen Unternehmen, im Verbund mit kombinatsspezifischen Dienstleistungs- und Forschungsstrukturen – de facto zerstört. Dies ging einher mit einer zunehmend ansteigenden Arbeitslosigkeit sowie einem massiven Rückgang der Produktion und der Produktivität. Die Treuhandanstalt beschäftigte sich mit der Privatisierung der Kombinate und auch kleinerer Betriebe, wobei deren Forschungs- und Entwicklungseinheiten in der Regel zuerst separiert wurden und anschließend stillgelegt werden sollten. Die bisherigen Strukturen der Wirtschaftsförderung auf Stadt-, Kreis- und Bezirksebene waren mit der Auflösung der bisherigen Verwaltungsstrukturen ebenfalls nicht mehr im früheren Umfang existent.

Mit der Neugründung des Freistaates Sachsen wurden die Sächsische Staatskanzlei und die Ministerien von Grund auf neu geschaffen. In den Landkreisen und Städten wurden die Strukturen ebenfalls neu aufgebaut, wobei bewährte Fachleute durchaus weiterhin integriert blieben. Die Aufgaben der Wirtschaftsförderung wurden konsequent subsidiär verteilt; jede Aufgabe wurde nach Möglichkeit auf der Verwaltungsebene realisiert, die der jeweiligen Problematik am nächsten war.

Auf Landesebene entstanden neben den vorrangig verwaltenden Ministerien die für die sächsische Wirtschaft besonders wichtigen zunehmend gestaltenden Ministerien (beispielsweise Wirtschaft und Arbeit, Umwelt und Landwirtschaft sowie Wissenschaft und Kunst). Beim personellen Aufbau der Ministerien waren erfahrene Mitarbeiter aus den Verwaltungen der alten Bundesländer – insbesondere aus Bayern und Baden-Württemberg – hilfreich. Gleichzeitig integrierte man Schritt für Schritt erfahrene und unbelastete Fachleute aus der Region selbst. Banken und Strukturen aus den alten Bundesländern (beispielsweise das Verbindungsbüro für wirtschaftlich-technische Zusammenarbeit des Landes Baden-Württemberg und die Landesbank, das Förderinstitut des dortigen Landes) realisierten die beginnenden Aufgaben der Wirtschaftsförderung.

Akteure der Wirtschaftsförderung ab 1991

Mit dem Jahr 1991 gewannen die sächsischen Ministerien für Wirtschaft und Arbeit (SMWA) sowie Wissenschaft und Kunst (SMWK) zunehmend an Profil. Nach anfänglichen Abstimmungsschwierigkeiten zwischen beiden Ministerien in Fragen der Technologie- und Forschungspolitik fanden die handelnden Abteilungen zunehmend zueinander und zu einer für die damalige Zeit außergewöhnlich engen Kooperation. Die Politiker des Sächsischen Landtages, der Sächsischen Staatskanzlei (SK) und des Sächsischen Staatsministeriums für Finanzen (SMF) erkannten ebenfalls die Bedeutung von Innovation und Wirtschaftsförderung. So verhinderten die Genannten auf Initiative des SMWA und des damaligen Bundesministeriums für Wirtschaft (BMWi) beispielsweise unter Einsatz erheblicher Finanzmittel gemeinsam mit der Treuhandanstalt die eigentlich schon beschlossene Liquidierung der sogenannten Forschungs-GmbHs – der von den Kombinaten abgespaltenen Forschungseinheiten. Diese entwickelten sich im Privatisierungsprozess zu Unternehmen und außeruniversitären wirtschaftsnahen Forschungseinrichtungen in verschiedenen Rechtsformen, wofür erhebliche finanzielle Mittel eingesetzt wurden. Die so entstandenen Strukturen haben sich zwischenzeitlich auf Grund ihrer Praxisnähe zu einem Standortvorteil des Freistaates Sachsen gegenüber anderen wirtschaftlich aktiven Regionen entwickelt.

Auch in den damaligen drei Regierungspräsidien in Chemnitz, Dresden und Leipzig entstanden spezielle Abteilungen, die sich der Wirtschaftsförderung widmeten und eng mit den Ministerien und den anderen wirtschaftsfördernden Strukturen zusammenarbeiteten. In den sächsischen Großstädten Leipzig, Chemnitz und Dresden waren ebenfalls wirtschaftspolitisch ambitionierte Politiker auf dem Weg, leistungsfähige Strukturen für eine Wirtschaftsförderung der Zukunft zu schaffen. Auf Landesebene wurde die Gründung einer Förderbank unter Beteiligung des Freistaates (Sächsische Aufbaubank – SAB) vorbereitet. Im Sommer 1991 kam es zur Gründung der landeseigenen Wirtschaftsförderung Sachsen GmbH (WFS). Diese hatte die satzungsgemäße Aufgabe »im In- und Ausland solche Kontakte anzubahnen und Maßnahmen durchzuführen, die geeignet sind, der sächsischen Wirtschaft Marktchancen zu eröffnen, zu erhalten oder auszubauen«.[1] Weiterhin sollte und soll die WFS Aufgaben zur Ansiedlung von Unternehmen, die Erschließung von In- und Auslandsmärkten, die Betreuung in- und ausländischer Wirtschaftsdelegationen sowie die Standortwerbung wahrnehmen.

Die sächsischen Industrie- und Handelskammern sowie die Handwerkskammern schufen Strukturen der Wirtschaftsförderung, die eng mit den Unternehmen im Kontakt standen und sich zunehmend gut mit den Akteuren in der Verwaltung abstimmten. Weitere Interessenvertretungen der sächsischen und gesamtdeutschen Wirtschaft (beispielsweise Vereinigung der Sächsischen Wirtschaft – VSW, Verband Deutscher Maschinen- und Anlagenbauer – VDMA, Verein Deutscher Ingenieure – VDI) bildeten ebenfalls Strukturen, die zu Gesprächspartnern für Unternehmen und Verwaltung zu Fragen der Wirtschaftsförderung wurden. Innerhalb weniger Jahre entwickelte sich auf diese Weise ein institutionelles und personelles Netzwerk der Hauptakteure in der regionalen Wirtschaftsförderung, das heute noch existiert und überwiegend reibungsarm funktioniert.

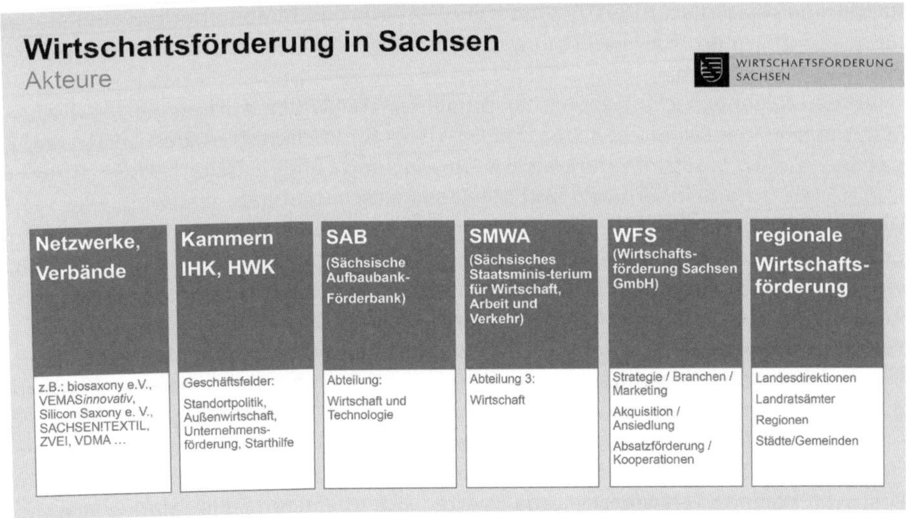

Wirtschaftsförderung beschreibt in Sachsen neben der monetären Förderung, die primär durch das SMWA über die Sächsische Aufbaubank Förderbank (SAB) erfolgt, auch vielfältige wirtschaftsfördernde und beratende Aktivitäten. Dabei agieren außerdem die Branchenverbände, wie etwa der Verband Deutscher Maschinen- und Anlagenbauer (VDMA) sowie die Arbeitgeberverbände, zum Beispiel die Vereinigung der Sächsischen Wirtschaft (VSW), oder der Unternehmerverband ebenfalls wirtschaftsfördernd. Eine dominierende Rolle spielen die Interessenvertretungen der Unternehmen selbst – Industrie- und Handelskammern (IHK) sowie Handwerkskammern (HWK) mit ihren Abteilungen für Wirtschaftsförderung. Auch auf Kreis- und Gemeindeebene existieren starke Abteilungen oder auch Personen, die sich mit Wirtschaftsförderung von der Ansiedlung bis hin zur Wachstumsbegleitung beschäftigen. Gerade diese lokalen Wirtschaftsförderer kennen letztlich die Möglichkeiten für Unternehmen in ihren Orten am besten und stellen in ihrer Gesamtheit ein großes Leistungspotenzial dar.

Als »einigende Klammer«, insbesondere über der letztgenannten Gruppe – die natürlich mitunter durchaus konkurrierende Interessen hat – sowie als verbindendes Element zu den anderen genannten Akteuren ist die oben erwähnte, im Auftrag des Freistaates Sachsen tätige WFS GmbH tätig. Diese ist im Gegensatz zu den meisten der Vorgenannten nicht nur regional, sondern in ganz Sachsen aktiv, wobei sie sich für alle Branchen und Technologiebereiche engagiert. Diese landeseigene Gesellschaft wirbt zum einen weltweit Investoren ein und unterstützt diese bei deren Ansiedlung in Sachsen. Dabei werden mit Hilfe lokaler Akteure passende Standorte recherchiert, bürokratische Hindernisse beseitigt und der Weg zur optimalen finanziellen Unterstützung durch SMWA, SMUL und SAB gewiesen. Zum anderen unterstützt die WFS sächsische Unternehmen auf deren Wachstumspfad. Auch hier geht es um die gesamte

Bandbreite staatlicher Unterstützung – von Förderprogrammen über das Finden von Innovationspartnern für Wachstumsprojekte bis hin zur Unterstützung von Außenwirtschaftsaktivitäten.

Bei den Außenwirtschaftsaktivitäten organisiert die WFS im Auftrag der Sächsischen Staatskanzlei, des Sächsischen Staatsministeriums für Wirtschaft, Arbeit und Verkehr, des Sächsischen Staatsministeriums für Umwelt und Landwirtschaft sowie anderer Ministerien Unternehmerreisen und Messegemeinschaftsstände weltweit. Hier wird Wirtschaftsförderung weniger monetär, sondern vor allem organisatorisch unterstützt und betrieben. So bekommen Unternehmen Informationen und Zugänge weltweit, wobei oft sächsische Politiker in ihrer Funktion als »Türöffner« bei ausländischen Regierungen und Großunternehmen unterstützend aktiv werden. Dabei arbeitet die WFS aktiv mit den Partnern der Außenwirtschaftsinitiative Sachsen (AWIS) zusammen. In AWIS sind die vorgenannten Partner gemeinsam tätig und stimmen ihre außenwirtschaftlichen Aktivitäten nach Zielen und Branchen regelmäßig miteinander ab.

Weitere, differenziert agierende Formen der Wirtschaftsförderung entwickelten sich auch über Cluster und Netzwerke. Diese – idealtypisch von Silicon Saxony im Raum Dresden/Chemnitz verkörpert – organisierten sich in einigen Fällen sinnvollerweise von Unternehmen getrieben (Bottom-up) und nehmen nur fallweise und in der Regel über ihre Mitglieder finanzielle staatliche Wirtschaftsförderung für Projekte in Anspruch. Andere Netzwerke organisierten sich in Sachsen auf Ausschreibungen oder Anregungen von Fördermittelgebern (oft SMWA) hin und realisierten dann den Aufbau ihrer Organisationen in den ersten Jahren ihres Bestehens auch mit Mitteln dieser. Hierfür stehen beispielshaft die Netzwerke auf den Gebieten der Automobilbauer und -zulieferer (u. a. AMZ Sachsen) oder auch des Maschinenbaus (u. a. Innovationsverbund Maschinenbau Sachsen – VEMAS/VEMASinnovativ). Eine dritte Gruppe von Netzwerken entstand durch das Tätigwerden und eine zeitlich begrenzte Finanzierung des Staates direkt (Top-down). Als Beispiel hierfür kann Biosaxony als Vertreter der Life-Sciences-Branche in Sachsen gelten. Die Gründung dieser Koordinierungsstelle und deren anfängliche Finanzierung kamen ab dem Jahr 2000 durch die Biotechnologie-Offensive des Freistaates Sachsen zustande. Nach mehreren Umstrukturierungen und Wechseln des Clustermanagements hat der Biosaxony e.V. zwischenzeitlich seinen Weg als Interessensvertretung der Unternehmen der sächsischen Biotech- und zunehmend auch Life-Sciences-Szene gefunden.

Die genannten Beispiele zeigen, dass alle drei Wege durchaus funktionierten und wirtschaftsfördernd wirkten. Der Staat war dabei in sehr verschiedenem Umfang als Förderer und Finanzier gefragt und engagiert. In der Regel veränderten die Netzwerke der zweiten und dritten genannten Gruppe nach anfänglicher höherer Förderung im Lauf der Zeit ihren Charakter und auch ihre Finanzierung. So sind die Netzwerke und Cluster in Sachsen heute ganz überwiegend unternehmensgetrieben und nur fallweise und temporär über Förderungen des Staates finanziell unterstützt. Die Wirkungen aus diesen Clustern und Netzwerken haben sehr dazu beigetragen, die heutigen Hauptbranchen der sächsischen Wirtschaft zu etablieren und zu stabilisieren.

Schwerpunktbranchen in Sachsen

Branche	Bereiche	Unternehmen
Mobilität	Automobilindustrie Logistik Bahntechnik Luft- und Raumfahrt	über 2.750 (davon 750 Automobilindustrie)
Life-Sciences	Biotechnologie Medizintechnik Pharmazeutische Industrie Ernährungswirtschaft	ca. 620 (davon 370 Ernährungswirtschaft)
Maschinen- und Anlagenbau	Werkzeug-, Druck-, Textilmaschinenbau Fertigungstechnik, Automatisierung Feinwerktechnik, Mechatronik Neue Materialien / Technische Textilien	ca. 1.000
Mikroelektronik/ IKT	Mikro- / Nanoelektronik Software MEMS / Smart Systems Organische & Flexible Elektronik	ca. 2.200
Umwelt- und Energietechnik	Ressourcen- und Energieeffizienz Kreislaufwirtschaft, Wasser Erneuerbare Energien Energiespeicherung	ca. 700

Quelle: Wirtschaftsförderung Sachsen GmbH, 2016

Wie schon zuvor erwähnt, spielen Städte und Gemeinden, oft in Verbindung mit den Industrie- und Handelskammer bzw. den Handwerkskammern, eine vielfältige Rolle in der praktischen Wirtschaftsförderung. Einen fördernden Einfluss hatten und haben dabei die in den Jahren nach 1990 meist noch mit weiteren Mitgesellschaftern errichteten Technologie- und Gründerzentren (TZ) sowie Gewerbegebiete. Diese Einrichtungen (insbesondere die TZ) wurden in ihrer Errichtung meist im Rahmen der Gemeinschaftsaufgabe »Verbesserung der regionalen Wirtschaftsstruktur« (GA-Infrastruktur) mit hohen Förderquoten gefördert und dann auch über einige Jahre im Rahmen der Technologieförderung des SMWA bei ihrem Betrieb unterstützt. Mittlerweile stehen diese Einrichtungen mit ihren gerade für Gründer und Start-up-Unternehmen sehr hilfreichen Angeboten finanziell »auf eigenen Füßen« und entfalten dauerhaft ihre wirtschaftsfördernde Wirkung.

Genutzte Programme und deren Wirkungen

Seit 1991 wurden im Freistaat Sachsen – insbesondere durch das SMWA, das SMWK und das SMUL meist gemeinsam mit der Förderbank SAB, fallweise aber auch durch private Träger – vielfältige Förderprogramme und Förderprojekte auf dem Gebiet der Wirtschaftsförderung entwickelt, eingeführt und getestet, genutzt und immer wieder evaluiert. An dieser Stelle seien dafür beispielsweise die Folgenden genannt:

- Investitionszuschuss (Gemeinschaftsaufgabe »Verbesserung der Regionalen Wirtschaftsstruktur« – GRW/GA),
- Mikro- und Nachrangdarlehen,
- Landesbürgschaften,
- Unterstützungsmaßnahmen zur Rettung der außeruniversitären wirtschaftsnahen Forschungseinrichtungen (Forschungs-GmbHs) im Rahmen der deutschen Wiedervereinigung,
- Forschungs- und Entwicklungs-Projektförderung (einzelbetrieblich oder im Verbund),
- Unterstützung der Gründung von Unternehmen (BDCS, Premiere 99, FutureSax, HighTech Startbahn Netzwerk e.V., ...),
- Bereitstellung von Beteiligungskapital (insbesondere Seed- und Venture-Capital – SCB, TGFS, HighTech Startbahn Netzwerk e.V., ...),
- Technologie- und Gründerzentren für technologieorientierte Unternehmen,
- Technologietransferprojekte und SiMULplus-Werkstätten,
- Innovations- und Transfer-Assistenten,
- Telematik und E-Business,
- Internationale Patentanmeldung,
- Europäische Forschungskooperation (EFK, Horizon-Prämie),
- Cluster und Netzwerke sowie Verbundinitiativen,
- Innovationsprämien,
- Key-Enabling-Technologies (KET)-Pilotlinien sowie
- Markteinführung innovativer Produkte und Produktdesign (MEP).

Alle diese überwiegend vom SMWA initiierten und finanzierten Programme haben sich im Lauf der Zeit fortentwickelt und wurden oft nach Evaluationen modifiziert. Auch wurde immer wieder kritisch geprüft, ob eine Fortführung der Programme angemessen und sinnvoll ist. Hierbei zeigte sich, dass Förderansätze, die über längere Zeiträume verfolgt wurden (beispielsweise im Rahmen der einzelbetrieblichen Investitionsförderung GA/GRW), im Laufe der Jahre modifiziert wurden. So gab es für die einzelbetriebliche Investitionsförderung in den 1990er Jahren im Freistaat Sachsen eine landkreisgenaue Förderkarte. Die Förderquoten wurden dabei durch die sächsischen Richtliniengeber mit dem Ziel differenziert, eine Lenkungswirkung auf Investoren in schwächere Regionen hin zu erreichen. Nach einer Untersuchung der Wirksamkeit dieser unterstellten, aber auf Landesebene kaum nachweisbaren Lenkungswirkung wurde die regionale sächsische Differenzierung aufgehoben. So gilt heute nur noch eine durch das Beihilferecht der Europäischen Region vorgegebene Förderquotendifferenzierung.

Andere Programme konnten in große Förderprogramme integriert werden (beispielsweise die internationale Patentförderung des SMWA) oder wurden nach Aufgabenerfüllung eingestellt. Dabei war gelegentlich festzustellen, dass einzelne aufgelegte Förderprogramme »ihrer Zeit voraus – also durchaus zu früh installiert waren«.

So gab es beispielsweise in den ersten Jahren der Förderung von Innovationsassistenten in kleinen und mittleren Unternehmen (KMU – Unternehmen mit weniger als 250 Mitarbeitern) immer wieder Forderungen des Sächsischen Rechnungshofes, das Programm wegen zu geringer Nachfrage der Unternehmen einzustellen. Dies konnte jedoch abgewendet werden – mittlerweile ist das Programm in seiner Nutzung sehr gut aufgestellt.

Bei einem anderen frühen Programm, der Europäischen Forschungskooperation EFK (Ziel: Heranführen von KMU an Förderprogramme der Europäischen Union), gelang es nicht, eine gleich begründete und letztlich zum damaligen Zeitpunkt berechtigte Einstellung des Programms abzuwenden. Die sächsischen Unternehmen hatten zu dieser Zeit zum einen andere Probleme und konnten zum anderen auch auf zahlreiche einfach nutzbare Sonderprogramme der Bundes- und Landesministerien im Rahmen der deutschen Wiedervereinigung zugreifen.

Erst mit den neueren Förderprogrammen wie der Horizon-Prämie in der aktuellen Legislaturperiode konnte wieder eine vergleichbare Unterstützung für KMU-Projekte auf europäischer Ebene geschaffen werden, die nach aller Voraussicht sehr gut genutzt werden wird. So kam es unter Beobachtung der aktuellen nationalen und internationalen Entwicklungen immer wieder auch zur Entwicklung neuer Fördertatbestände und -programme. Hier seien aus der aktuellen Legislaturperiode neben der vorgenannten Horizon-Prämie beispielhaft die Pilotlinien für die Key-Enabling-Technologies (KET) und die SiMULplus-Werkstätten genannt. Die beiden ersten Programme wurden im Jahr 2015 durch das SMWA bei der Sächsischen Aufbau-Bank implementiert und dienen der Steigerung der Wettbewerbsfähigkeit sächsischer Unternehmen im interkontinentalen Wettbewerb. Die SiMULplus-Werkstätten des SMUL dienen seit dem Jahr 2016 primär dem Technologietransfer im Umwelt- und Landwirtschaftsbereich und bringen dort Technologieentwicker und Technologienutzer zusammen.

Aktuelle Situation

Die Wirtschaftsförderprogramme für Unternehmen in Sachsen werden durch die SAB administriert und gliedern sich aktuell im Großen und Ganzen in vier Gruppen.

Die Hauptsäule der Wirtschaftsförderung im Freistaat Sachsen waren in den Jahren seit 1991 Programme, die mit Hilfe von Mitteln der Europäischen Union (Europäischer Fonds für Regionale Entwicklung – EFRE), der Bundesregierung und sächsischen Landesmitteln bestimmte Investitionen in Unternehmen sowohl einzelbetrieblich als auch für Gruppen von Unternehmen (beispielsweise in Gewerbegebieten) unterstützen. Durch die einzelbetriebliche Investitionsförderung wurden dabei seit dem Jahr 1991 mehr als 22 600 Projekte mit über 10 Milliarden Euro unterstützt. Dies führte zur Realisierung von Investitionen von über 58,6 Milliarden Euro und zur Schaffung von über 282 600 Arbeitsplätzen in den geförderten Unternehmen.[2] Weiterhin haben sich die Förderprogramme der sächsischen Innovations- und Technologieförderung mit ihrem Flaggschiff, der Forschungs- und Entwicklungs-Projektförderung, seit 1992 stabil entwickelt. Allein bei Letztgenannter wurden seit 1992 durch SMWA und SMWK über 5 730 Projekte mit mehr als 1,7 Milliarden Euro gefördert.[3] Dies ermöglichte die Entwicklung und Einführung von Produkt- und Prozessinnovationen in sehr vielen Unternehmen, insbesondere auch kleinen und mittleren Unternehmen. So hat der Freistaat Sachsen allein seit Inkrafttreten der neuen Förderrichtlinien »EFRE-Technologieförderung 2014–2020«, »ESF-Technologieförderung 2014–2020« und »HORIZON-Prämie« schon für über 1 000 Vorhaben Technologieförderung in Höhe von insgesamt 214 Millionen Euro bewilligt.[4]

Ein Programm mit einer ebenfalls sehr interessanten Genese ist die Unterstützung von Technologietransferprojekten. Dieses aus einer frühen Förderung von Technologie- und Gründerzentren entstandene Programm unterstützt mittlerweile den direkten Transfer von Technologien von Technologiegebern (Hochschulen, Institute, Unternehmen) in KMU hinein. Dabei wurden beispielsweise allein seit dem Jahr 2014 schon 27 Projekte von KMU mit insgesamt 4,7 Millionen Euro unterstützt.[5]

In einer dritten Gruppe von Wirtschaftsförderprogrammen werden im Rahmen des Europäischen Sozialfonds (ESF) Projekte unterstützt, die der Qualifizierung und Einstellung von Mitarbeitern in Unternehmen dienen. An dieser Stelle soll nur beispielhaft auf das Programm des SMWA zur Einstellung von Innovationsassistenten verwiesen werden. In diesem Programm wurden seit dem Jahr 2007 über 860 Mitarbeiter in KMU eingestellt, die dort Innovations- und Technologietransfermaßnahmen etablier-

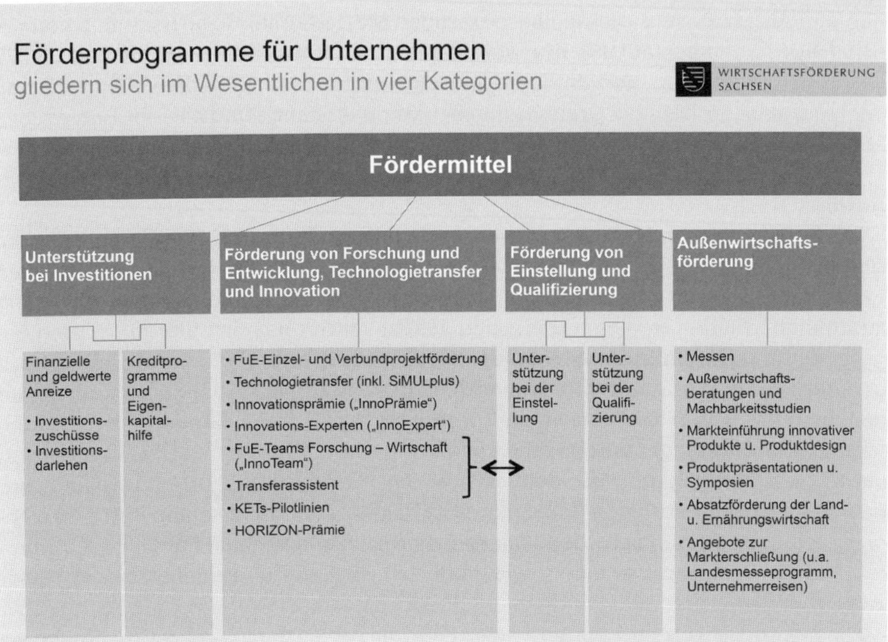

Quelle: Wirtschaftsförderung Sachsen GmbH, 2016

ten.[6] Frühere Evaluationen haben gezeigt, dass die allermeisten der so in Unternehmen gebrachten, in der Regel jüngeren Fachleute dann auch ohne weitere Förderung dauerhaft in diesen Unternehmen verbleiben.

Die vierte im Schaubild dargestellte Programmgruppe befasst sich mit den oft über die WFS realisierten Außenwirtschaftsaktivitäten des Freistaates Sachsen. Hier gibt es neben dem direkten einzelbetrieblichen monetären Förderansatz gemäß der Mittelstandsrichtlinie über die SAB (u. a. Messeteilnahmen, Außenwirtschaftsberatungen, Markteinführungen innovativer Produkte und Produktdesign) sowie der Absatzförderung für die sächsische Land- und Ernährungswirtschaft auch die sonstigen außenwirtschaftlichen Förderinstrumente zur Markterschließung. Hierzu zählen das sächsische Landesmesseprogramm der Außenwirtschaftsinitiative Sachsen (AWIS) zur Errichtung von Messegemeinschaftsständen sowie die Durchführung von Unternehmer- und Delegationsreisen. Damit konnten beispielsweise allein in den Jahren von 2010 bis Mitte 2016 über 900 Vertreter von Unternehmen und Forschungseinrichtungen an 92 von der WFS organisierten Unternehmerreisen in die verschiedensten Länder der Welt teilnehmen. Weiterhin nutzten auf 119 Messen weltweit über 1 400 Unternehmen und Forschungseinrichtungen die mit Finanzierung des SMWA sowie des SMUL realisierten Sachsen-Live bzw. Sachsen-Genießen-Stände für ihre Internationalisierungsbestrebungen und Absatzförderprojekte.[7] Bei derartigen Messe-Gemeinschaftsständen können sich die Unternehmen auf ihre Kernaufgaben (Präsentation ihrer Produkte und Dienstleistungen, Marketing, Verhandlungsführung) konzentrieren, da die WFS im Auftrag des Freistaates Sachsen die Organisation der Komplettstände und aller messetypischen Serviceaufgaben (vom Catering bis hin zum Messe-Rahmenprogramm) übernimmt.

Ausblick

Wirtschaftsförderung ist eine echte Gemeinschaftsaufgabe, bei der die Europäische Union, der Bund, die Länder, die Kammern, Verbände, Cluster und Netzwerke mit den Landkreisen, Städten und Gemeinden und deren Wirtschaftsförderorganisationen eng zusammenarbeiten. Beginnend mit den 1990er Jahren hat sich hier in Sachsen ein gesundes und gedeihliches Miteinander der Finanziers und Akteure entwickelt. Nach und nach gilt es hier – auch mit dem mittelfristig auslaufenden Solidarpakt sowie mit dem beim Ansteigen des Bruttoinlandsproduktes in den neuen Bundesländern mittelfristigen Nachlassen der europäischen Fördermittel – eine angemessene Finanzierung der Wirtschaftsförderung aus dem sächsischen Staatshaushalt sicherzustellen. Dies kann natürlich nur nach den Prinzipien der Effektivität und sparsamen Mittelverwendung erfolgen. Dementsprechend gilt es, Synergien zwischen den handelnden Akteuren, den diversen Programmen sowie möglichen Finanzierungsquellen immer besser zu erschließen.

Die Effektivität von Förderprogrammen kann am besten durch Analyse der Ergebnisse dieser über interne oder externe Evaluationen beurteilt werden. Dies und die Weiterentwicklung der Förderinstrumente ist eine Aufgabe der kommenden Jahre. Eine Analyse der Standortfaktoren für Unternehmensansiedlungen im Freistaat Sachsen zeigte, dass für die kommenden Jahre neben den klassischen Themen der Wirtschaftsförderung (Investitionsförderung, Innovationsförderung, Förderung von Qualifikation und Beschäftigung, Außenwirtschaftsförderung) auch Themen wie Verkehrsinfrastruktur, Sicherung der Verfügbarkeit von Fachkräften und der Kommunikationsinfrastruktur (Verfügbarkeit von Hochgeschwindigkeits-Internetanschlüssen), verbunden mit der Arbeit am Image des Standortes immer wichtiger werden. Auch dies sind wirtschaftsfördernde Aufgaben, denen sich die Akteure auf allen Ebenen stellen müssen.

Anmerkungen

1 Satzung der WFS vom 4. 5. 1994.
2 Sächsische Aufbaubank, Oktober 2016.
3 Sächsische Aufbaubank, Oktober 2016.
4 Sächsisches Staatsministerium für Wirtschaft, Arbeit und Verkehr, Oktober 2016.
5 Sächsische Aufbaubank, Oktober 2016.
6 Sächsische Aufbaubank, Oktober 2016.
7 WFS GmbH, Oktober 2016.

Georg Moeritz

Silicon Saxony und seine Krisen

Für die Wirtschaftsförderer der Stadt Dresden gab es viele Jahre lang eine Vorzeigebranche: die Mikrochip-Industrie samt ihren Lieferanten und Forschungsinstituten. »In fast allen technischen Geräten findet sich ein Stück Dresden«, heißt es in einer städtischen Broschüre aus dem Jahr 2013.[1] »Denn fast jeder zweite in Europa gefertigte Chip wird in der sächsischen Landeshauptstadt produziert.« Dresden ist mit seinen drei Mikrochipfabriken und deren Geschäftspartnern der führende europäische Standort der Mikroelektronik. In einer Zeitleiste der landeseigenen Wirtschaftsförderung Sachsen GmbH reihen sich Erfolge aneinander: Gründungen und erste Spatenstiche mit Namen wie Siemens, AMD und Globalfoundries.[2] In dieser Aufzählung fehlt allerdings die Insolvenz von Qimonda im Jahre 2009 mit der Schließung der damals größten Dresdner Fabrik und dem Verlust von rund 4 000 Arbeitsplätzen. Die Geschichte der Mikroelektronik in Dresden ist eine Geschichte von Auf und Ab. Doch ausschließlich »Meilensteine« und ein aufwärts gerichteter Zeitstrahl finden sich auch in einer Schrift zum 15-jährigen Bestehen des Branchenvereins Silicon Saxony e.V.[3] Darin gratuliert noch das Gründungsmitglied ZMD AG – das im Jahr darauf seinen Namen verliert, in einem US-Konzern aufgeht und Arbeitsplätze streicht.

Die Buchstaben ZMD standen seit 1987 für Zentrum Mikroelektronik Dresden – das Unternehmen, das nach der Wiedervereinigung die Basis für den Ausbau der Halbleiterbranche in Sachsen war. Gern nutzte ZMD die Formulierung »Wiege der Halbleitertechnologie in Deutschland«[4] im Zusammenhang mit dem Standort Dresden. Denn ZMD ging auf die Arbeitsstelle für Molekularelektronik zurück, die 1961 von Werner Hartmann in Dresden gegründet worden war. Der bekannteste Erfolg: 1988 gelang es den Halbleiterexperten, Mikrochips mit einem Megabit Speicherkapazität herzustellen, die im Berliner Staatsratsgebäude an den Staats- und Parteichef Erich Honecker überreicht wurden.

Rund 3 300 Beschäftigte hatte ZMD zur Zeit der Wiedervereinigung. Davon erhielten mehr als 2 500 zu Anfang der 1990er Jahre die Kündigung. Freilich waren sie nicht alle Halbleiter-Experten. Unter ihnen gab es Handwerker, auch ein eigener Maschinenbau gehörte zum Betrieb. Der Siemens-Konzern, um Hilfe gebeten, gab der Firmenleitung damals zu verstehen, dass er im Moment keine Verwendung für die Fabrik in Dresden habe – doch dass es gut wäre, das Personal für später zusammenzuhalten.[5]

Es war die Zeit, in der die ostdeutsche Industrieproduktion regelrecht abstürzte. Im ersten Jahr der Währungsunion, von Juli 1990 bis Juni 1991, verminderte sich die Produktion des verarbeitenden Gewerbes um 21 Prozent. Zu den extremsten Rückschlägen kam es in den Hochtechnologie-Branchen: 80 Prozent bei Feinmechanik, Optik, Uhren; 70 Prozent bei Herstellung von Büromaschinen und Datenverarbeitungsgeräten; 58 Prozent bei Elektrotechnik.[6] Massenkurzarbeit und Arbeitslosigkeit waren die Folgen. Ein Jahr nach der Währungsunion wurde in Ostdeutschland nur noch ein Viertel der 86 000 Industrieforscher der Unternehmen beschäftigt.[7]

Für die ZMD-Mitarbeiter wurden damals soziale Abfederungen vereinbart: Je nach Alter kam der Vorruhestand in Frage, es gab Abfindungen, die Vermittlung von Umschulungen und Integration in Arbeitsbeschaffungsmaßnahmen. Die Fraunhofer-Gesellschaft übernahm 120 Wissenschaftler von ZMD.[8] Schließlich beteiligte sich der Freistaat Sachsen an dem Unternehmen, um es zu erhalten – und blieb Mitbesitzer von ZMD bis zum Verkauf an den US-Konzern IDT Ende 2015. Doch bis dahin war das Unternehmen schon weiter verkleinert worden – so musste es die Fabrik abgeben. ZMD blieben die Büros mit Experten für das Design, also den Aufbau von Mikrochips je nach Kundenwunsch. Die Fabrik dagegen wurde 2007 ausgegliedert und an das Erfurter Unternehmen X-Fab verkauft. Zu ihm gehört sie heute noch. Die Fabrik behielt ZMD als einen ihrer Kunden für die Mikrochip-Produktion und suchte sich zusätzliche Auftraggeber. Als kleinste der drei Dresdner Chipfabriken hat das Werk von X-Fab in Dresden heute gut 400 Mitarbeiter. Zum Vergleich: Bei Infineon Dresden, hervorgegangen aus dem Siemens-Konzern, arbeiten rund 2 000 Beschäftigte. Der Branchengrößte in Dresden, Globalfoundries, ehemals AMD, hatte im Jahr 2015 rund 4 000 Mitarbeiter einschließlich Leiharbeitern. Der Betrieb soll nach Vorgaben des Managements aber schrumpfen und künftig mit 3 300 Mitarbeitern auskommen – selbst bei steigender Nachfrage nach seinen Mikrochips.[9] ZMD schrumpft ebenfalls: Unter dem neuen Konzernnamen IDT wurde angekündigt, von den noch 220 Dresdner Arbeitsplätzen rund 60 abzuschaffen.[10]

Damit ist aus der Wiege der Halbleitertechnologie, ZMD, ein eher kleiner Dienstleister für Chip-Design geworden, wie es viele andere gibt. 39 Mitarbeiter beispielsweise zählte im Jahr 2016 das Unternehmen Atmel in Dresden. Die Experten für Funktechnologie entwarfen Mikrochips, die etwa in ferngesteuerte Lampen eingebaut werden. Doch auch diese Angestellten wurden Opfer einer Übernahme auf dem stark schwankenden Weltmarkt für Halbleitertechnologie. Der US-Konzern Microchip Technology kaufte Atmel und beschloss, den Standort Dresden zu schließen und allen Angestellten zu kündigen.[11]

Im Vergleich zu solchen kleineren Betrieben erscheinen die beiden großen Mikrochipfabriken in Dresden mit ihren Tausender-Belegschaften auf den ersten Blick dauerhafter. Es sind große Immobilien im Dresdner Norden, erdbebensicher auf Granit-Untergrund gebaut. Gleich zwei Straßenbahnhaltestellen an der Königsbrücker Straße nennen heute den Firmennamen Infineon, mit den Zusätzen Nord und Süd. Die modernen Fabriken verdanken ihr Entstehen der ZMD-Tradition und dem Vorhanden-

Die ersten Dresdner Mikrochips mit einem Megabit waren eine Erfolgsmeldung in der Sächsischen Zeitung vom 13. September 1988

Proletarier aller Länder, vereinigt euch!

Zeitung

EN EINHEITSPARTEI DEUTSCHLANDS

Dienstag
13. September 1988
43. Jahrgang/Nr. 217

Einzelpreis 15 Pf

Redaktion und Verlag: Julian-Grimau-Allee, Haus der Presse, Dresden 8010. Postanschrift: Postfach Dresden 8012. Telefon: 4 86 40.

1-Megabit-Speicherschaltkreise an Erich Honecker übergeben

Wissenschaftlich-technische Spitzenleistung von VEB Forschungszentrum Mikroelektronik Dresden des Kombinates Carl Zeiss Jena vollbracht

Gesprächsrunde zur Übergabe der 1-Megabit-Chips. Foto: ZB/Mittelstädt

BERLIN (ADN/SZ). Die ersten in der DDR hergestellten 1-Megabit-Speicherschaltkreise wurden gestern dem Generalsekretär des ZK der SED und Vorsitzenden des Staatsrates der DDR, Erich Honecker, von einem Kollektiv des Kombinates Carl Zeiss Jena übergeben. Der Generaldirektor des Kombinates, das Mitglied des Zentralkomitees der SED, Prof. Dr. Wolfgang Biermann, führte aus, daß damit in der DDR die Grundlagen entstanden sind, um schrittweise die Massenproduktion solcher Speicherschaltkreise vorzubereiten. Diese wissenschaftlich-technische Spitzenleistung vollbrachte der VEB Forschungszentrum Mikroelektronik Dresden des Kombinates Carl Zeiss Jena in enger Forschungskooperation mit Einrichtungen der Akademie der Wissenschaften der DDR und des Hochschulwesens in dem kurzen Zeitraum von nur zwei Jahren. Die gegenüber der Partei übernommene Verpflichtung wurde eingelöst.

Erich Honecker dankte Prof. Dr. Biermann und den anwesenden Mitgliedern des Entwicklerkollektivs für die Übergabe des 1-Megabit-Speicherschaltkreises. Eure Leistungen, so sagte er, sind ein hervorragender Beitrag für den Wettlauf mit der Zeit. Sie sind ein überzeugender Beweis dafür, daß die Deutsche Demokratische Republik auch künftig ihre Position als entwickeltes Industrieland behauptet. Die Einheit von Wirtschafts- und Sozialpolitik, die in unserem Land die Grundlage für die weitere Gestaltung der entwickelten sozialistischen Gesellschaft ist, und ihre Ergebnisse wie das vom Entwicklerkollektiv 1-Megabit-Speicherschaltkreis Übergebene zeigen, daß der Sozialismus in der Lage ist, die schöpferischen Potenzen des Volkes weiter zu entfalten.

Erneut tritt zutage, daß der Sozialismus, wie er von Marx und Engels ausgearbeitet und wissenschaftlich begründet wurde, wenn man alle Aspekte des gesellschaftlichen Lebens betrachtet, dem Kapitalismus weit überlegen ist. Es sei müßig, so sagte Erich Honecker, darüber zu streiten, ob oder wie sich in der Gegenwart der Klassenkampf vollzieht. Es waren die Begründer des wissenschaftlichen Sozialismus, die klar und offen sag-

(Fortsetzung auf Seite 2)

Das Entwicklungskollektiv überreichte erste 1-Megabit-Speicherschaltkreise. Foto: ZB/Settnik

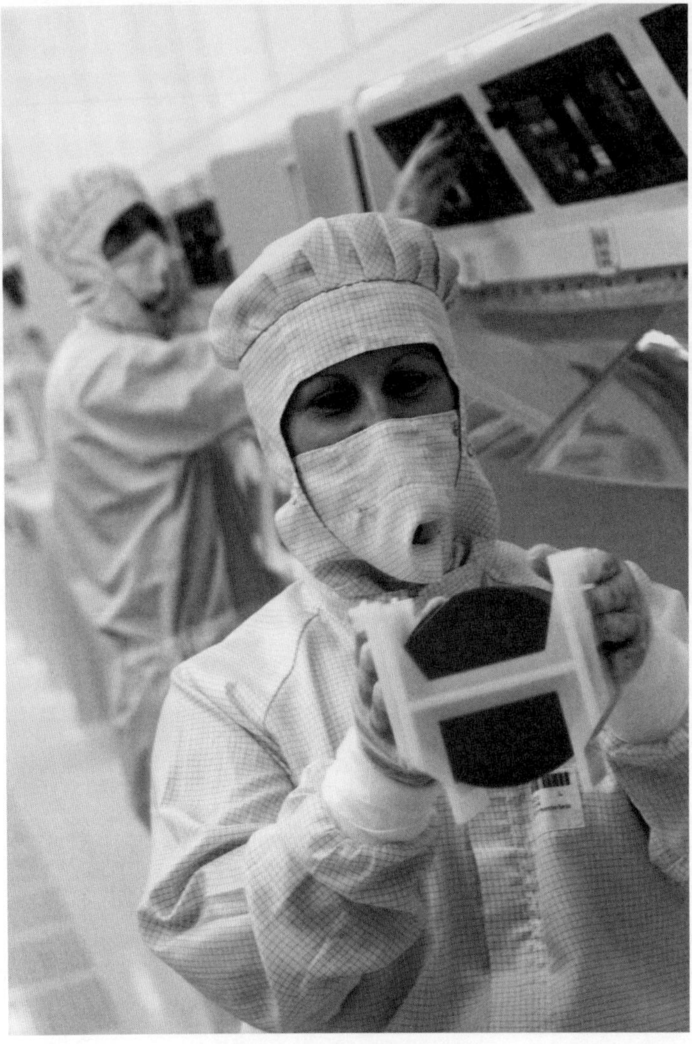

Silizumscheiben sind die Basis für die Chip-Produktion, hier bei Zentrum Mikroelektronik Dresden (ZMD)

sein der Fachleute in der Region Dresden. Denn 1993 beschloss der Siemens-Vorstand doch noch den Bau einer Mikrochipfabrik in Dresden. Sie gehört heute Infineon. Schon wenig später, im Jahr 1995, verkündete auch der US-Konzern AMD seine Baupläne für die Dresdner Fabrik. Sie wird heute vom Nachfolger Globalfoundries geführt.

Mitte der 1990er Jahre schien es nur einen Weg für die Dresdner Halbleiterbranche zu geben: aufwärts. Dabei hatte der Siemens-Konzern noch im Mai 1992 den Ausstieg aus seiner Halbleiter- und Speicherproduktion verkündet. Außerdem wollte auch die Treuhand-Anstalt nicht alle ostdeutschen Traditionsstandorte der Branche erhalten, zu denen auch Erfurt und Frankfurt (Oder) zählten. Doch als der US-Konzern Texas Instruments ernsthaftes Interesse an den Fördermitteln für eine Investition in Dresden zu zeigen schien, entschied sich Siemens für den Standort. Zu Anfang 1994 war der erste Wäschekorb mit Bewerbungen voll.[12] 1995 ging die Siemens-Fabrik in Betrieb. Bald darauf mussten sich die Dresdner an neue Firmennamen gewöhnen: Der Siemens-Konzern trennte seine Sparte für Halbleiter ab und machte sie unter dem Namen Infineon selbständig. Infineon wiederum gründete später nach demselben Muster eine Tochter namens Qimonda, die für Speicherchips zuständig wurde. Diese Siemens-Enkeltochter bekam einen Teil des Dresdner Werksgeländes: den Fabrikteil mit der moderneren Ausrüstung, der im Dezember 2001 in Betrieb gegangen ist.

Während Infineon Dresden seine Mikrochips auf Siliziumscheiben mit 200 Millimetern Durchmesser herstellte, arbeitete Qimonda rationeller mit Anlagen, die auf größere Rohlinge eingestellt waren: Die Scheiben hatten 300 Millimeter Durchmesser, sodass auf jeder davon eine größere Zahl Mikrochips gleichzeitig nebeneinander hergestellt werden konnte. Die Dresdner erfuhren aus Berichten über ihre wachsende Vorzeigebranche, dass im Norden der Stadt in Reinräumen gearbeitet werde, dass die Beschäftigten Mundschutz, Hauben und Handschuhe trügen. Bei Globalfoundries und X-Fab sind bis heute Zwölf-Stunden-Schichten üblich, allerdings einschließlich der Pausen und des komplizierten Umkleidens. Infineon Dresden hat nach Beratungen mit dem Betriebsrat 2013 auf acht Stunden umgestellt. In einem Teil der Werkhallen findet die Arbeit unter gelbem Licht statt: Die Lithografie ist empfindlich. Chip-Herstellung bedeutet Beschichten, Belichten, Ätzen – und dies in vielen Durchgängen. Ein eigenes Maskenzentrum, Lieferant von Schablonen fürs Belichten, steht ebenfalls im Dresdner Norden.

Ende 2007 mehrten sich die Nachrichten über einen Abschwung in der Halbleiterbranche. Qimonda meldete stark eingebrochene Verkaufspreise für seine Speicherchips. Von weltweiten Überkapazitäten war die Rede, das Unternehmen schrieb hohe Verluste. Der Stellenabbau begann. Die Qimonda-Fabrik hatte zu diesem Zeitpunkt rund 3 900 Mitarbeiter, davon 500 Leiharbeiter. Weitere Hunderte dürften als Dienstleister von Fremdfirmen wie Dussmann in der Fabrik im Einsatz gewesen sein. Es war die zweitgrößte Fabrik in Sachsen nach dem Volkswagen-Werk in Zwickau. Im Juli 2008 handelte die Geschäftsleitung mit dem Betriebsrat einen Sozialplan aus, nach dem die Fabrik auf etwa 3 530 Mitarbeiter schrumpfen sollte. Zugleich sollte sie aber noch einmal 184 Mitarbeiter vom benachbarten Infineon-Mutterbetrieb übernehmen, der ebenfalls schrumpfen musste.[13] Wer zu diesem Zeitpunkt von Infineon zu Qimonda wechselte, kam in die modernere Fabrik, sollte aber ein schlechtes Geschäft machen. Denn Qimonda steuerte auf das Ende zu.

Mehrmals gingen Qimonda-Mitarbeiter und ihre Verwandten auf die Straße und zogen durch die Dresdner Innenstadt. Im Februar 2008 demonstrieren fast 3 000 Menschen nach Angaben der Veranstalter, des Betriebsrats und der Industriegewerkschaft Metall. Am Werksgelände fanden Mahnwachen statt, offene Briefe gingen an die

Bundesregierung, Fotos der Betroffenen wurden öffentlich aufgehängt.[14] Zum Jahresende 2008 konnten die Dresdner von einem politischen Ringen um Geld lesen. »Wir lassen uns nicht von Qimonda unter Druck setzen«, stand über einem Interview mit Sachsens Ministerpräsident Stanislaw Tillich (CDU) im Handelsblatt.[15] »Wir können Qimonda kein Geld geben«, stand einen Tag später über einem Interview mit dem Infineon-Vorstandsvorsitzenden Peter Bauer.[16] Schließlich erklärte sich die Staatsregierung doch bereit, Qimonda mit 150 Millionen Euro Kredit zu unterstützen. Die Hoffnung: Eine neue Technologie (»buried wordline«) sollte das Unternehmen technologisch wieder an die Spitze führen.[17]

Doch im Januar 2009 meldete Qimonda mit Sitz in München Insolvenz an, auch für Dresdens größte Fabrik. Wenige Monate später stoppte der Insolvenzverwalter die Produktion. Es folgten noch einige Berichte über angebliche Kaufinteressenten aus China und Russland, doch die Beschäftigten bekamen nichts mehr zu tun. Ein großer Teil wechselte in eine Auffangfirma, die Bewerbungstraining organisierte und bei der Stellensuche half. Doch das Aus der Fabrik zog Kreise: Ob Bildungsunternehmen oder Forschungsinstitut, viele Partner und Lieferanten im Raum Dresden verloren damit ihren Auftraggeber. Selbst eine Einrichtung der Fraunhofer-Gesellschaft geriet in Not. Schließlich übernahm das Fraunhofer-Institut IPMS die 60 Chip-Experten des Fraunhofer-CNT, dem infolge der Qimonda-Pleite die Kunden ausgingen.

Ein Teil der Qimondianer fand Beschäftigung in Fabriken für Fotovoltaik-Technik – damals eine Hoffnungsbranche, gestützt durch staatlich garantierte Abnahmepreise für Solarstrom. Auch in diesen Fabriken ist der Halbleiter Silizium der wichtigste Rohstoff – das Element, das dem kalifornischen »Silicon Valley« als Ballungszentrum der Computertechnologie den Namen gab. In Anlehnung daran erschien der Begriff »Silicon Saxony« ab 1998 zunehmend in der Dresdner Presse als Name für die Halbleiterbranche in Sachsen. Am 19. Dezember 2000 gründeten 20 Partner den gleichnamigen Verein, das Hochtechnologie-Netz Silicon Saxony e.V. Bis 2015 ist daraus nach Angaben des Vereins eine Gruppe von 320 Mitgliedern geworden. Auch Unternehmen aus den Branchen Software und Kommunikation nahm der Verein auf. Nach seinen Angaben sind in Sachsen etwa 2 100 Unternehmen mit 51 000 Mitarbeitern »auf allen Stufen der IKT-Wertschöpfungskette« aktiv, also in Informations- und Kommunikationstechnik. Gemeinsam setzen sie jährlich acht Milliarden Euro um.[18]

Die junge Fotovoltaik-Sparte im Branchennetz hielt vielerorts nicht, was sie versprach. Viele der Fabriken für Solarmodule waren erst im Aufbau, wollten zum Teil neuartige Technik erproben und zahlten in der Regel geringere Löhne als die Siemens-Enkeltochter Qimonda. Größte der sächsischen Solarfabriken wurde das Werk Freiberg des Bonner Solarworld-Konzerns. Im Sommer 2016 hatte es nach eigenen Angaben auf seiner Internetseite 1 150 Beschäftigte – sowie 300 Leiharbeiter, von denen es sich zu diesem Zeitpunkt aber trennen wollte. Einige der neuen sächsischen Fabriken kamen nicht einmal bis zum Produktionsstart oder schlossen kurz darauf wieder: Signet Solar in Mochau bei Döbeln, Sunfilm in Großröhrsdorf und Arise in Bischofswerda verschwanden nach kurzer Zeit. Solarwatt in Dresden mit zeitweise 450 Mitarbeitern erlebte ebenfalls ein Auf und Ab, wurde von der GmbH zur Aktiengesellschaft mit Börsenabsichten und wieder zur GmbH, trennte sich in einem Insolvenzverfahren von einem Teil der Belegschaft und von Schulden und meldete 2016 wieder Zuwachs.

Wichtigster Investor bei Solarwatt wurde der Milliardär Stefan Quandt, dessen Familie zu den Mitbesitzern des BMW-Konzerns gehört. Quandt investierte in Dresden auch in eine Sonderform der Solartechnologie: Das Unternehmen Heliatek GmbH in Dresden entwickelt eine Fotovoltaik-Technologie ohne Silizium. Stattdessen werden Kunststoffbahnen unter Vakuum mit leitfähigen Partikeln versehen, fast wie in einer Zeitungsdruckerei von Rolle zu Rolle. Damit soll die Herstellung auf Dauer billiger werden als bei Silizium, allerdings ist die Stromausbeute der Produkte geringer. Auf Kunststoff-Elektronik (»Organische Elektronik«) setzt auch das Unternehmen Plastic Logic in Dresden, suchte jedoch über Jahre nach Industriepartnern zur gewinnbringenden Vermarktung.

Nach dem Ende bei Qimonda blieb der Reinraum der Chipfabrik im Dresdner Norden erhalten – und wurde nach zwei Jahren vom Qimonda-Mutterunternehmen Infineon zurückgekauft. Infineon stellte wieder Produktionsanlagen in einen Teil der Halle und kündigte Mitte 2011 an, dort 250 Millionen Euro zu investieren. Eine neue Technologie sollte Einzug halten, entwickelt allerdings nicht in Dresden, sondern im österreichischen Infineon-Standort in Villach an der Siemensstraße. Hergestellt werden sollten Leistungshalbleiter, robuste Chips, geeignet etwa für Windkraftanlagen und Bahntechnik, erstmals auf 300-Millimeter-Scheiben. Schwerpunkt von Infineon Dresden blieben Chips für Autos sowie für Chipkarten und Ausweise. Mit der neuen Technologie sollten in Dresden innerhalb von zwei Jahren 250 zusätzliche Arbeitsplätze entstehen.[19] Zwei Jahre später allerdings gab es die noch nicht.

Ausgerechnet anlässlich der Halbleitermesse Semicon Europa in der Dresdner Messe kündigte Infineon im Oktober 2013 an, rund 160 Arbeitsplätze zu streichen. Noch einige Angestellte mehr würden durch Roboter ersetzt. Allerdings könne ein Teil der Belegschaft in den wachsenden Teil der Infineon-Fabrik wechseln, also in die benachbarte ehemalige Qimonda-Fabrik mit der 300-Millimeter-Technik. Statt zusätzlicher Arbeitsplätze gab es wieder eine Verlagerung von einer Halle in die andere. Die Roboter, die einem Teil der Mitarbeiter künftig die Arbeit beim Bestücken der Anlagen abnehmen sollen, sollten allerdings ebenfalls in Dresden hergestellt werden, und zwar beim Unternehmen HAP Ortner, das seit September 2016 Fabmatics heißt. Die Hersteller solcher Anlagen verstehen sich als Teil des Netzwerks Silicon Saxony und beraten in Arbeitskreisen des Branchenvereins über den künftigen Bedarf der Fabriken.[20]

Die Dresdner Messehallen wurden zu einem Schauplatz, auf dem die Branche eine Zeit lang jährlich ihre Fortschritte präsentierte. Dort fuhren zur Messezeit im Herbst auch einige Roboter umher. Die Messe Semicon Europa fand von 2009 an fünf Jahre nacheinander in Dresden statt, ausgerichtet vom Verband Semi, der weltweit Lieferanten der Mikrochipfabriken vertritt. Doch für das Jahr 2014 entschied sich der Veranstalter für die französische Stadt Grenoble, den zweitwichtigsten Standort der

Branche in Europa. Danach sollte die Messe im jährlichen Wechsel in den beiden Städten stattfinden, doch im Herbst 2016 wurde die Verlegung nach München für mindestens fünf Jahre verkündet.

Kurz vor der Messe Semicon Europa 2015 erfuhr der Halbleiterstandort Dresden wieder einen Schlag, der zu Demonstrationen in der Innenstadt führen sollte. In Dresdens nunmehr größter Fabrik kündigte das Management große Sparpläne mit Stellenabbau an. Dieser Betrieb war zuvor rasch gewachsen: 1996 fand der erste Spatenstich in Dresden-Wilschdorf statt. Der US-Konzern AMD wollte dem führenden Computerchip-Hersteller Intel Konkurrenz machen. Für den Standort Dresden sprach, wie häufig in dieser Zeit, die europäische Subventionspolitik. Darauf wies der langjährige Geschäftsführer für Personal des Unternehmens hin, Martin Gillo, der später in Sachsen zum Wirtschaftsminister aufstieg und ein Buch über seine Erfahrungen veröffentlichte: In Ostdeutschland wurde jeder Euro, der in eine Investition floss, je nach Größe des Unternehmens mit zehn bis 50 Prozent von der öffentlichen Hand mitfinanziert. Für Forschung gab es zusätzliche Anreizprogramme, für Kredite Bankgarantien von Bund und Land. Zudem sorgte der Staat für die Straßen zur Fabrik und für die Ausbildung von neuen Mitarbeitern, die aus der Arbeitslosigkeit kamen. Gillo zitierte auch gerne das Motto des Unternehmens: »People come first. Products and profits will follow«.[21] Zuerst kommen die Menschen. Produkte und Profite werden folgen.

2009 allerdings entschied sich AMD wie vorher schon ZMD in Dresden, keine eigene Fabrik mehr zu unterhalten, sondern nur noch Kunde bei Fabriken zu sein. Das neue Unternehmen Globalfoundries, gegründet mit AMD-Beteiligung sowie mit Kapital aus dem Emirat Abu Dhabi, führte die Fabrik in Dresden weiter und kaufte Fabriken in Singapur dazu. Das Wachstum in Dresden ging jedoch erst einmal weiter. 2010 wurde der Grundstein für eine Erweiterung gelegt. Allerdings waren nun zunehmend Beschwerden aus der Belegschaft zu hören, die bis dahin auf Betriebsratswahlen verzichtet hatte, und von Kunden über Qualitätsmängel. Im Jahr 2011 wechselte Globalfoundries gleich zweimal den Chef in Dresden aus. Geschäftsführer Rutger Wijburg sprach in einem Interview im Herbst 2015 rückblickend von »Wachstumsschmerzen«.[22] Die Kapazität sei bei laufendem Betrieb mehr als verdoppelt worden. Zugleich sprach Wijburg vom »Druck, die Kosten zu senken«. Leiharbeiter müssten nun gehen. Halbleiter seien nun mal ein zyklisches Geschäft. Die Fabrik müsse wettbewerbsfähig sein. Doch auch im Jahr 2030 werde es diese Fabrik in Dresden noch geben.

Seine wichtigsten Forschungsaktivitäten allerdings hat Globalfoundries nicht in Dresden, sondern nahe seiner neuen Fabrik im US-Bundesstaat New York angesiedelt. Diese Fabrik bekam auch den Auftrag, die feinsten Mikrochip-Strukturen herzustellen. Dresden dagegen sollte eine preisgünstige neuartige Technologie für einen Massenmarkt einführen, entwickelt mit Hilfe französischer Experten in Grenoble. Neue Subventionen aus Berlin und Brüssel seien dafür nötig. Die Zahl der Mitarbeiter im Werk Dresden werde dennoch schrumpfen, von zuvor 4 000 auf 3 300.[23] Mit Verhandlun-

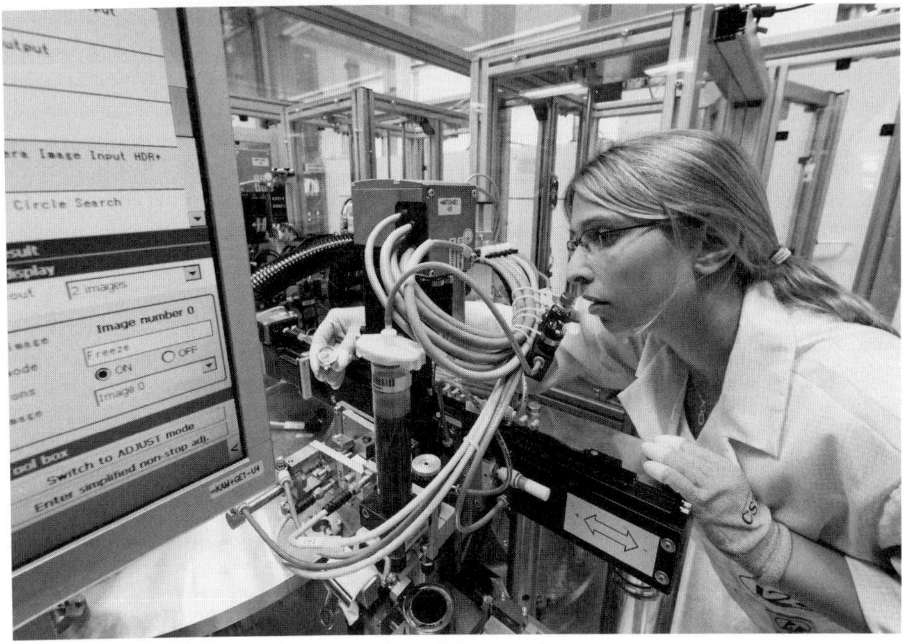

Silicon Saxony besteht nicht nur aus großen Chipfabriken, sondern vielen Spezialisten wie Intelligente Sensorsysteme Dresden GmbH

gen und auf dem Rechtsweg versuchten der Betriebsrat und die zuständige Chemiegewerkschaft IG BCE, den Stellenabbau hinauszuzögern, zumal sie zeitweise einen noch stärkeren Abbau befürchteten. Bei Protestdemonstrationen vor dem Einkaufszentrum Altmarkt-Galerie äußerten Mitarbeiter von Globalfoundries ihre Sorge vor einem zweiten Qimonda.[24]

Das zyklische Auf und Ab in der Halbleiterbranche weltweit schlägt sich in Dresden nieder. Diese Schwankungen stellte auch das Ifo-Institut für Wirtschaftsforschung fest, das eine Niederlassung in Dresden unterhält: »Die Ausrichtung auf Hochtechnologiebranchen wie die Halbleiterindustrie ermöglichte der Stadt bis 2004 ein überdurchschnittliches Wachstum. Die Wachstumsschwäche seit 2005 ist jedoch ebenfalls auf diesen Wirtschaftszweig zurückzuführen.« An Dresdens Industrieumsatz hat die Branche einen starken Anteil: Im Jahr 2015 entfielen 47 Prozent der Umsätze des Dresdner verarbeitenden Gewerbes auf »Herstellung von Datenverarbeitungsgeräten, elektronischen und optischen Erzeugnissen«, wie es die Statistiker zusammenfassen. Nach der Qimonda-Pleite im Jahr 2009 sank der Anteil auf weniger als 30 Prozent.

In der Arbeitsmarktstatistik schlagen sich solche Schwankungen in der Industrie nicht so auffällig nieder, denn mehr als 80 Prozent der Dresdner arbeiten in Dienstleistungssektoren.[25] Die Grenzen zwischen Dienstleistung und Industrie lösen sich allerdings auf, viele Leiharbeiter sind Dienstleister in Industriebetrieben. Zunehmend betont der Verein Silicon Saxony die Vielfalt seiner Mitglieder im Branchennetz: Sie sind Wissenschaftler und Materialproduzenten, Maschinenbauer oder Software-Entwickler. Zu ihren Herausforderungen zählt, was unter dem Schlagwort Industrie 4.0 zusammengefasst wird – die zunehmende Digitalisierung, bei der Mikrochips aus der Chipfabrik dem Arbeiter in der Chipfabrik die Arbeit abnehmen.

Anmerkungen

1 Landeshauptstadt Dresden (Hrsg.): Vernetztes Denken. Mikroelektronik in Dresden. Dresden 2013.

2 Wirtschaftsförderung Sachsen GmbH (Hrsg.): Mikro! Mikroelektronik/IKT in Sachsen. Dresden 2015.

3 Silicon Saxony e.V.: 15 Years Silicon Saxony. Das High-Tech-Netzwerk Sachsens. Dresden 2015.

4 Pressemitteilung vom 22.6.2011: ZMDI feiert 50-jähriges Firmenjubiläum.

5 Silicon Saxony e.V. (Hrsg.): Silicon Saxony. Die Story. Dresden 2006, S. 99.

6 Jan Priewe, Rudolf Hickel: Der Preis der Einheit. Bilanz und Perspektiven der deutschen Vereinigung. Frankfurt a.M. 1991, S. 25.

7 Ebd., S. 64.

8 Silicon Saxony, Story (Anm. 5), S. 101.

9 Stefan Schön: Globalfoundries plant Großinvestition in Dresden. In: Sächsische Zeitung 71 (2016), Nr. 212, 9.9.2016, S. 1.

10 Georg Moeritz: ZMD verliert seinen Namen und lässt 60 Mitarbeiter gehen. In: Sächsische Zeitung 71 (2016), Nr. 186, 10.8.2016, S. 19.

11 Georg Moeritz: Betriebsrat in Heilbronn nützt gekündigten Dresdnern wenig. In: Sächsische Zeitung 71 (2016), Nr. 128, 3.6.2016, S. 6.

12 Silicon Saxony, Story (Anm. 5), S. 120–128.

13 Georg Moeritz, Ulrich Wolf: Chipkrise: Stellenabbau ist ausgehandelt. In: Sächsische Zeitung 63 (2008), Nr. 152, 1.7.2008, S. 20.

14 Ines Igney: Qimonda-Mitarbeiter bleiben bei ihrem Protestmarsch ohne politische Unterstützung. In: Sächsische Zeitung 64 (2009), Nr. 42, 19.2.2009.

15 Handelsblatt 63 (2008), Nr. 237, 5.12.2008, S. 5.

16 Süddeutsche Zeitung 64 (2008), Nr. 284, 6.12.2008, S. 29.

17 Sächsische Staatsregierung: Sachsen steht zu Qimonda. Medieninformation 245/2008 vom 16.12.2008.

18 Silicon Saxony, 15 Years (Anm. 3).

19 Georg Moeritz: Infineon baut neue Chip-Generation in Dresden. In: Sächsische Zeitung 66 (2011), Nr. 175, 29.7.2011, S. 1.

20 Georg Moeritz: Chipfabriken ersetzen Mensch durch Maschine. In: Sächsische Zeitung 68 (2013), Nr. 235, 9.10.2013, S. 19.

21 Martin Gillo: Go Deutschland Go. Denkanstöße eines deutschen Amerikaners. Hamburg 2005, S. 39–41.

22 Die dritte Wachstumswelle. In: Wirtschaft in Sachsen 1 (2015), Nr. 2, September 2015, S. 15.

23 Schön, Globalfoundries (Anm. 9).

24 Bettina Klemm: Globalfoundries-Mitarbeiter befürchten ein zweites Qimonda. In: Sächsische Zeitung 70 (2015), Nr. 283, 7.12.2015, S. 15.

25 Jan Kluge: Die wirtschaftliche Dynamik in der Stadt Dresden. In: Ifo Dresden berichtet 23 (2016), H. 4, S. 34–44.

Jürgen Bönninger

Unternehmertum in Dresden ohne Streben nach Gewinnmaximierung

Frühe Anfänge 1905

Die Wiege für drei noch heute existierende Dresdner Unternehmen ohne ausgeprägtes Streben nach Gewinnmaximierung liegt im Jahre 1905 auf dem Gebiet des Kraftfahrwesens. Seinerzeit gründete Professor Hermann Scheit[1] die erste Technische Prüfstelle für den Kraftfahrzeugverkehr an der damaligen Technischen Hochschule. Damit war das Land Sachsen Vorreiter für Deutschland und Europa. In Würdigung dieser Gründungstat hat der Verfasser zum 100-jährigen Jubiläum im Jahre 2005 eine Tafel im Jante-Bau der heutigen Technischen Universität anbringen lassen. Auf dieser ist die Konstruktion des weltweit ersten Prüfstands von Hermann Scheit für die Antriebs- und Bremsleistung von Kraftfahrzeugen abgebildet.

Über drei Jahrzehnte erwarb sich die Dresdner Einrichtung bei der Entwicklung von Prüftechnologien für Straßenfahrzeuge einen herausragenden Ruf in Europa und darüber hinaus. Mit der Zerstörung der föderalen Länder-Strukturen durch die Nationalsozialisten verlor auch die Technische Prüfstelle an der TH Dresden ihre Eigenständigkeit und wurde der Reichsprüfstelle untergeordnet.

Neuanfang 1948

1948 wurde die Technische Prüfstelle für den Kraftfahrzeugverkehr an der TH Dresden unter Professor Alfred Jante wieder eingerichtet. Im Rahmen der politisch motivierten Zentralisierung wichtiger Verwaltungs- und Technologieeinrichtungen wurde 1953 die Technische Prüfstelle in die Kraftfahrzeugtechnische Anstalt der DDR überführt. Bemerkenswert ist nun, dass wegen der in Dresden als Standort der Technischen Hochschule vorhandenen Konzentration von Expertenwissen und Erfahrung die Zentralstelle der Kraftfahrzeugtechnischen Anstalt hier und nicht etwa in Ost-Berlin angesiedelt wurde. Diese genoss den Ruf des unabhängigen Sachverstandes, bis die KTA (später Kraftfahrzeugtechnisches Amt) ab 1976 von einem »Inoffiziellen Mitarbeiter der Staatssicherheit im besonderen Einsatz« geleitet wurde.[3]

Gutachten von Sachverständigen des Dresdner Prüflabors wurden jetzt von linientreuen Ingenieuren umgeschrieben. So etwa im Fall der politisch verordneten Wiedereinführung von Holzvergasern für Kraftfahrzeuge in den 1980er Jahren. Zuvor waren unabhängige Ingenieure in Dresden zu dem Ergebnis gekommen, dass eine solche Technik Verkehr, Umwelt und Material derart beeinträchtige, dass sie nicht zugelassen werden könne. Doch solche Bedenken wurden aus politischen Gründen beiseite gewischt, was auch mit Gutachten in anderen Fällen geschehen ist. – Mit dem demokratischen Aufbruch 1989 wurde neben der Forderung der Bürger nach Freiheit, Demokratie und Menschenrechten auch der Ruf der Dresdner Sachverständigen nach Unabhängigkeit von staatlicher Bevormundung laut.

Die friedliche Revolution des Sachverstandes 1989

Bereits im August 1989 traf sich der Verfasser mit Julius Reiter, einem Mitarbeiter des Bundestagsabgeordneten und Bundesinnenministers a. D. Gerhart Baum, um über ein unabhängiges Sachverständigenwesen in der seinerzeit ja noch existierenden DDR zu debattieren. Im Oktober 1989 schließlich reiste Gerhart Baum in seine Geburtsstadt Dresden und führte diese Gespräche fort. Bereits im Herbst 1989 wurde in den Gruppen, die sich mit der wirtschaftlichen Neuordnung der Verhältnisse befassten – und zu denen u. a. Helmut Münch (später Staatssekretär in Sachsen), Bernd Rohde (später Staatssekretär in der Regierung Lothar de Maizière) und der Verfasser gehörten –, die Gewaltenteilung auch in Bezug auf die Mittlerrolle unabhängiger Sachverständiger diskutiert und die Gründung entsprechender Einrichtungen ins Auge gefasst.

Am Rande eines Treffens einer sächsischen Oppositionsgruppe (zu der u. a. Arnold Vaatz, Steffen Heitmann, Herbert Wagner und der Verfasser gehörten) mit der Landesregierung von Baden-Württemberg sprach der Verfasser am 11. Januar 1990 erstmals mit Klemens Große-Vehne (Mitglied des Vorstandes DEKRA AG). Die DEKRA ist 1925 in Berlin als Deutscher Kraftfahrzeug-Überwachungs-Verein gegründet worden.

Im Februar 1990 wählten die etwa 150 Mitarbeiterinnen und Mitarbeiter des KTA ihre erste freie und von der Einheitsgewerkschaft unabhängige Vertretung, deren Vorsitz der Verfasser übernahm. Nachdem die Belegschaftsvertretung für den Direktor und ehemaligen inoffiziellen Mitarbeiter der Staatssicherheit die Vertrauensfrage gestellt hatte, entzogen ihm daraufhin mehr als 80 Prozent der Belegschaft das Vertrauen. Parallel dazu ermunterten sich die Mitarbeiterinnen und Mitarbeiter gegenseitig zur Gründung eines vom Staat unabhängigen Unternehmens. Schließlich gründeten am 21. März 1990 sieben Kollegen um den Verfasser eine Gesellschaft mit beschränkter Haftung.[4]

Der Vorsitzende garantierte gegenüber der Belegschaft, dass keiner der persönlichen Gesellschafter finanziellen Gewinn aus der Gesellschaft ziehen dürfe. Mit dieser Zusicherung sahen sich die Kolleginnen und Kollegen in den Aufbruchzeiten auf den Spuren der Gründungsväter der Technischen Prüfstelle für den Kraftfahrzeugverkehr, die ihre Unabhängigkeit ebenfalls durch einen nicht auf Gewinn abzielenden Geschäftsbetrieb gewahrt hatten.

Die so errungene Unabhängigkeit der Kraftfahrsachverständigen wurde von der ersten frei gewählten Regierung der DDR dem Beispiel aus Dresden folgend am

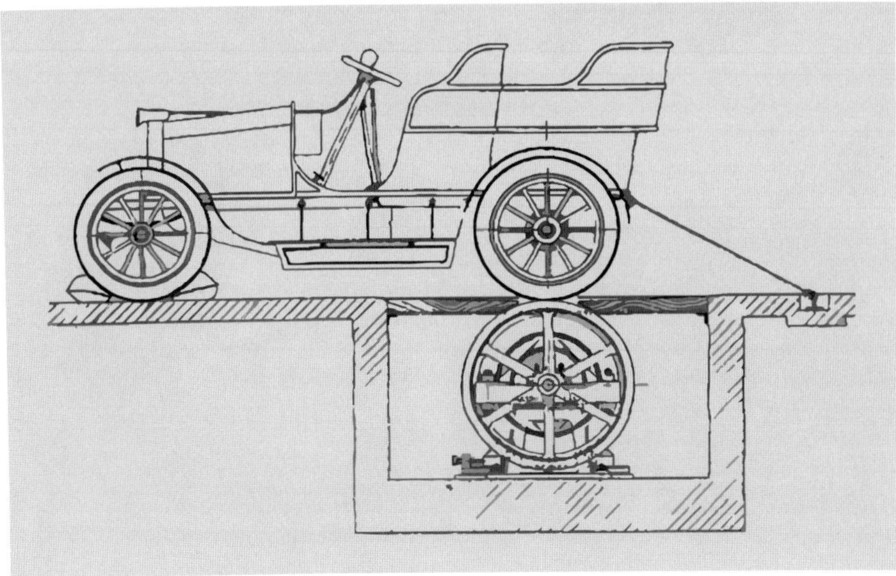

Erster Prüfstand für Antriebs- und Bremsleitung 1905 in Dresden

30. Mai 1990 in der »Anordnung über amtlich anerkannte Sachverständige für den Kraftfahrzeugverkehr«[5] festgeschrieben. Auch deshalb wird im Einigungsvertrag vom 31. August 1990[6] die Kraftfahrsachverständigenanordnung als gültige Norm anerkannt. Auf dieser Grundlage erfolgten später die Einzelakte der sechs neuen Bundesländer, die die Beleihung mit den Aufgaben der Technischen Prüfstellen für den Kraftfahrzeugverkehr regelten. Noch bevor die von sieben Mitarbeitern gegründete Gesellschaft am 11. Dezember 1990 mit der DEKRA AG verschmolz, hatten neben den ursprünglich 150 Mitarbeitern etwa 800 weitere Fachkollegen in diesem Ost-Unternehmen ihre Aufgabe im Prüfwesen für den Kraftfahrzeugverkehr gefunden.

Die im Dezember 1990 erfolgte Verschmelzung eines Ost- mit einem Westunternehmen erfolgte auf Augenhöhe, was selten genug vorkam und bis heute vorkommt. Ein solches Zusammengehen lässt sich daher zu Recht als eine geglückte Vereinigung von Ost und West bezeichnen – und dies gerade auch in Anbetracht der seither erfolgreichen Entwicklung der DEKRA zu einer internationalen Prüforganisation. Als nun aber deutlich wurde, dass sich die DEKRA mit ihrem Technologiezentrum aus Dresden zurückziehen und wegen der Prüfmöglichkeiten auf das Testgelände am Lausitzring nach Brandenburg umziehen würde, wurde vom Verfasser die Idee einer neuen Unternehmung in Dresden geboren.

Firmensitz der FSD auf der Winterbergstraße 4

Gründerzeiten 1998/99

Die Idee, die Partikularinteressen von TÜV und DEKRA dem Grundrecht auf Unversehrtheit aller Personen – nicht zuletzt im Straßenverkehr – unterzuordnen, führte zur Initiative aus Dresden: die Gründung einer Forschungs- und Entwicklungsgemeinschaft für Prüfverfahren für die Personen- und Fahrzeugzulassung für den Straßenverkehr. Die Gründungsväter der arge tp 21[7] ließen sich von der Vision leiten, dass diese Prüfungen als soziale Dienstleistungen weiterentwickelt werden, die dem Gemeinwohl nützen und somit einen hohen gesellschaftlichen Stellenwert besitzen. Der Verfasser wurde erster Geschäftsführer, Sitz der Gesellschaft Dresden. Als Erster Vorsitzender der Gesellschafterversammlung fungierte Prof. Dr. Klaus Rompe (TU Hannover, TÜV Rheinland). Es brauchte allerdings seine Zeit, bis TÜV und DEKRA, die ja im Wettbewerb zueinander agieren, Vertrauen in die neuen Leistungen aus Dresden gewannen.

Die erbrachten Leistungen der neuen Dresdner Firma, die im ersten Jahr ihrer Gründung bereits 1,5 Millionen D-Mark Umsatz erwirtschaftete, waren Anfang des neuen Jahrhunderts so nachhaltig und überzeugend, dass der Verfasser zum 1. Januar 2002 das Gewerbe als GbR[8] mit anfangs etwa zehn Mitarbeitern bei der Stadt Dresden anmeldete. Mit dieser Entwicklung verbunden war der Umzug an den neuen Sitz der GbR in die Dresdner Wintergartenstraße, wo heute inzwischen fast 30 Mitarbeiter im Unternehmen arge tp 21 angestellt sind.

Prüflabor in Radeberg bei Dresden

Neben Dienstleistungen für Sachverständige ist die wohl besonders herausragende Leistung aus Dresden die Entwicklung eines PC-basierten Fahrerlaubnisprüfungssystems unter Verwendung von dynamisch dargebotenen Fahrsituationen, die ein Fahranfänger und Bewerber für eine Fahrerlaubnis bewältigen muss. Das Produkt wurde im Jahre 2006 der Öffentlichkeit vorgestellt – und überzeugte sofort. Heute wird es nicht nur in Deutschland auf die jeweiligen fahranfängertypischen Unfallsituationen und die typischen Umgebungsbedingungen der Regionen hin entwickelt und angewandt. Dabei unterliegt es einem kontinuierlichen Evaluierungsprozess, der von der öffentlichen Hand beaufsichtigt wird. Allein in Deutschland setzen sich jährlich etwa 1,6 Millionen junge Bürgerinnen und Bürger mit diesem sozialen Produkt auseinander.

Und es geht weiter … 2002 bis 2004

Die zunehmende Elektronifizierung der Fahrzeuge vor Augen ermunterten im Jahre 2002 bei einer Klausur auf Kloster Himmerod Vertreter des Bundesverkehrsministeriums (Heribert Braun), der Automobilindustrie (Dietmar Niedrist, Daimler; Ralf Keiper VW; Rüdiger Kuss, BMW), des Kraftfahrzeughandwerks (Rudi Schüssler, ZDK) und des TÜVs (Hans-Peter Brumm, TÜV Rheinland) den Verfasser, die Gründung einer Gesellschaft für die Entwicklung von Prüfvorgaben für elektronisch geregelte Fahrzeugsysteme voranzutreiben.

Die betriebseigene Kindertagesstätte der FSD

Der Bund und die Länder unterstützten von Anbeginn eine solche Unternehmensgründung und stellten eine entsprechende Beleihung in Aussicht. Es sollte jedoch noch etwas dauern, bis auch die in Deutschland mit TÜV und DEKRA konkurrierenden Prüforganisationen in die Gründung der FSD – Fahrzeugsystemdaten GmbH einbezogen werden konnten. Dass der Sitz auch dieser Unternehmung wieder Dresden sein würde, stand außer Frage. Jetzt waren nur noch Zeitpunkt und Ort der Gründung festzulegen. Der Verfasser schlug vor, als Reminiszenz an die friedliche Revolution und die wiedergewonnene deutsche Einheit, die eine solche gesamtdeutsche Unternehmung in Dresden erst möglich gemacht hatte, den Bonner Saal für das abschließende Treffen der deutsch-deutschen Verhandlungen (20. bis 24. August 1990) zum Einigungsvertrag zu nutzen. Weil der 3. Oktober ein Feiertag ist, wurde der Tag der Gründung der Gesellschaft auf den 4. Oktober 2004 in Bonn gelegt.[9] Der Verfasser wurde zum Geschäftsführer bestellt, die Gesellschaft in das Handelsregister Dresden eingetragen.[10] – Bund und Länder begrüßten diesen Schritt, sahen sie doch darin die Möglichkeit, diese Unternehmung mit der Entwicklung von Prüfvorgaben für die Fahrzeugelektronik zu beleihen, um die rasante Entwicklung zu steuern und so einen sinnvollen Ausgleich zwischen technischem Fortschritt und Risikobeherrschung zu finden.

Denn ein moderner Staat wie die Bundesrepublik Deutschland verwirklicht die Gemeinwohlziele nicht allein durch einseitige politische und administrative Regelungen, sondern er bedient sich auch privater Akteure. Die konkrete Beleihung zur Entwicklung und Bereitstellung von Prüfvorgaben umfasst die Beauftragung der FSD zur Erfüllung öffentlicher Aufgaben im eigenen Namen und die Verleihung der dazu notwendigen Befugnisse an diese. Zweck dieser Beleihung ist es, Bund und Länder zu entlasten, indem sie sich die besondere Sachkunde und Erfahrung der FSD mit ihren Mitarbeiterinnen und Mitarbeitern zu Nutzen machen.

Durch die enge Verbindung der FSD zu Forschungs- und Hochschuleinrichtungen sowie zu den Prüforganisationen und eine zunehmende internationale Vernetzung im Automobilbereich gelang es, mit derzeit 170 fest angestellten Mitarbeiterinnen und Mitarbeitern (Stand: 10/2016) und darüber hinaus mit etwa 30 Praktikanten, Lehrlingen, Diplomanden und Promovenden eine national wie international geachtete Institution in Dresden zu etablieren. Im Jahre 2007 kam zum Hauptsitz an der Dresdner Wintergartenstraße noch eines der weltweit modernsten Prüflabore für Fahrzeugelektronik als zweite Betriebsstätte in Radeberg hinzu.

In Dresden und Radeberg ist die FSD nicht nur als ein guter Gewerbesteuerzahler, sondern auch als lebendiges Glied der lokalen Gesellschaft bekannt. Die FSD tritt für eine weltoffene Heimat ein, in der es allen Menschen möglich ist, in Freiheit zu leben und zu arbeiten. Dies zeigte sich zuletzt bei den Demonstrationen und Bürgerversammlungen gegen die fremdenfeindliche Pegida-Bewegung. Die Mitarbeiterinnen und Mitarbeiter engagieren sich dafür in Verbänden, Vereinen, Kirchen, in Projekten für Verfolgte und Flüchtlinge, im Künstlerbund, in der Betriebssportgemeinschaft und in der betriebseigenen Kindertagesstätte.

Dieses private soziale und politische Engagement kann man in Beziehung setzen zur Unternehmensphilosophie der FSD, der es – bei allem Streben auch nach Erfolg – nicht um maximale Gewinnsteigerung geht, sondern um ein soziales Unternehmertum, das weder die Belange der Mitarbeiterinnen und Mitarbeiter vergisst noch unsere Verantwortung gegenüber der Gesellschaft und der politisch-sozialen Wirklichkeit.

Anmerkungen

1 Professor Hermann Scheit gründete 1903 das Institut für Verbrennungsmotoren und Kraftfahrzeuge an der TH Dresden.
2 Quelle: Typ-/Teile-Datenbank der arge tp 21.
3 OPK »Querulant«, Reg.-Nr.: XII 1474/89.
4 Handelsregisternummer beim Bezirksvertragsgericht Dresden: HR B16.
5 GBl. der DDR I Nr. 34, S. 365.
6 BGBl. II Nr. 35, S. 1224, Anlage II, Kapitel XI. Sachgebiet B: Straßenverkehr, Nr. 7.
7 ARGE-Vertrag »Technische Prüfstelle für den Kraftfahrzeugverkehr 21« vom 30.6.1999; beigetreten: DEKRA Automobil AG am 12.7.1999, TÜV Fahrzeug und Verkehr GmbH am 16.7.1999, TÜV Kraftfahrt GmbH am 5.7.1999, RWTÜV Fahrzeug GmbH am 19.7.1999, TÜV NORD Straßenverkehr GmbH am 7.7.1999.
8 GbR – Der Verfasser zusammen mit Johann Meyer, Gemeindekennzahl 14262000.
9 Gesellschaftsvertrag der FSD Fahrzeugsystemdaten GmbH.
10 Handelsregister B des Amtsgerichts Dresden, HRB 24435.

Neuerscheinungen zur Dresden-Literatur

Hans Vorländer, Maik Herold, Steven Schäller (Hrsg.)
PEGIDA. Entwicklung, Zusammensetzung und Deutung einer Empörungsbewegung
Springer VS Wiesbaden 2016, 165 Seiten, 24,99 €

Vor über zwei Jahren, am 20. Oktober 2014, gab es in Dresden die erste Demonstration von Pegida, der »Patriotischen Europäer gegen die Islamisierung des Abendlandes«. Wohl niemand hätte sich seinerzeit den Erfolg dieser gemeinhin als rechtspopulistisch charakterisierten Bewegung vorstellen können, auch wenn es ihr letztlich nicht gelungen ist, über Dresden hinaus eine längere Zeit große Resonanz zu gewinnen.
Der Dresdner Politikwissenschaftler Hans Vorländer hat mit seinen Mitarbeitern Maik Herold und Steven Schäller einen der ersten Versuche unternommen, diesem Phänomen auf die Spur zu kommen. Die Studie, nicht mit Schaum vor dem Mund geschrieben, basiert auf vielfältigen Beobachtungen und Befragungen, die naturgemäß nicht repräsentativ sein können. Sie präsentiert ein differenziertes Bild der Dresdner »Empörungsbewegung«. Der Leser wird über die Entwicklung von Pegida informiert, über die Reaktionen der Politik, der Medien und der Gesellschaft, über die inhaltliche Ausrichtung der Bewegung und über die wöchentlichen Demonstrationen sowie deren Teilnehmer (deutliche Überrepräsentanz von Männern, überdurchschnittliche Bildung, überdurchschnittliches Einkommen, Präferenzen für die Alternative für Deutschland).
Das Kernkapitel »Einordnung und Deutung der empirischen Befunde«, das fast die Hälfte des Umfangs einnimmt, analysiert Islamfeindlichkeit, Rechtsextremismus (Ausländerfeindlichkeit, Nationalismus, Ethnozentrismus) wie Einstellungen zu Politik, Medien und Demokratie (Demokratie- und Medienkritik, Entfremdung, Autoritarismus, Populismus). Sehen die Autoren starke Ressentiments gegenüber dem Islam bei den Teilnehmern, so sind sie zurückhaltend, generell von »Rechtsextremismus« zu sprechen. Allerdings hege etwa ein Drittel ausländerfeindliche Vorbehalte. Nicht berechtigt ist es, wenn die Autoren von »Nationalismus« reden, aber Statistiken zum »Patriotismus« abdrucken. Die Zustimmung zur hiesigen Demokratiewirklichkeit falle mäßig aus, die Medienkritik hingegen hoch, zum Teil sei sie geradezu aggressiv.
Im Schlussteil wird u. a. danach gefragt, wieso die Bewegung gerade in Sachsen entstehen konnte. Hier räumen die Autoren ein, dass sie spekulieren müssen. Sie nennen zum einen den Sachsenstolz, zum anderen eigne sich die Dresdner Kulisse für Demonstrationen. In Dresden, das seine Identität schätzt, dürften die Abwehrreflexe gegen (tatsächliche oder vermeintliche) Gefahren von außen größer sein. »Gerade die aktuellen Folgen von Globalisierung, islamistischem Terror und großen Migrations- und Flüchtlingsbewegungen werden hier als unmittelbare Bedrohungsszenarien interpretiert – als Bedrohungen eines nach den tiefgreifenden erwerbsbiographischen, sozioökonomischen und demographischen Umbrüchen der vergangenen Jahrzehnte gerade erst wieder erreichten Zustandes von Normalität, Stabilität und Sekurität« (S. 145).
Was die Folgen von Pegida betrifft, so lavieren die Autoren etwas. Sie neigen am ehesten der Ansicht zu, die Bewegung könne der Vorbote eines starken Rechtspopulismus sein. Eine hinreichende Erklärung dieses zentralen Begriffes unterbleibt.
Die Stärke der gut geschriebenen, bestens aufbereiteten und mit vielen Abbildungen versehenen Studie liegt in der systematischen und differenzierten Beschreibung, weniger in der tiefschürfenden Analyse einer Bewegung, deren Entstehung wohl alle überrascht hat. Vielleicht ist es dafür noch zu früh.

Eckhard Jesse

Peter Richter
Dresden revisited.
Von einer Heimat, die einen nicht fortlässt
München: Luchterhand Literaturverlag 2016,
159 Seiten, 11 Abb., 18 €

Es sind nicht die schlechtesten Dresdner (Autoren), die sich immer wieder an ihrer Stadt gerieben haben, ja ihr zürnen. Durs Grünbein hat einmal formuliert, dass das »beste Depressivum« der »Genius loci« sei.

Nun hat auch der Wendezeit-Zeuge und Chronist deutscher Wandlungen (»1989/90«, »Blühende Landschaften«, »Deutsches Haus«) Peter Richter seine Heimatstadt wieder besucht und überprüft (wie man »re-visited« zweifach übersetzen könnte). Aus seiner »Dresdner Rede« von 2016 ist ein respektabler Essay geworden, dessen Arbeitshypothese sich am Ende des ersten Kapitels offenbart: »Denn dass nicht jeder Dresdner zwingend auch ein Deutscher sein muss, ist die eine Sache. Meine These läuft aber darauf hinaus, dass fast alle Deutschen gegenwärtig in gewisser Weise Dresdner sind, ob sie wollen oder nicht. Und die, die nicht wollen, ganz besonders.« (S. 10).

Richter, dessen Romanheld in »Blühende Landschaften« einmal bekannte, erst in Hamburg zum »Ossi« geworden zu sein, bleibt in Brooklyn ein Dresdner Sachse, doch will er erst einmal herausbekommen, was das denn eigentlich ist. Er versteht – ähnlich wie Patzelt/Klose in ihrem Pegida-Buch (Rezension s. Dresdner Hefte Nr. 127) – das, was in Elbflorenz aktuell geschieht, als Symptom gesamtdeutscher Befindlichkeiten, vor denen die beliebte und unterdessen leidige Dichotomie »West/Ost« gegenstandslos wird. Die »umstrittenste Stadt im Lande« sei eben dadurch »tatsächlich repräsentativer, als viele außerhalb von Dresden meinen.« (S. 16). Dresden aber ist ja nicht nur umstritten, sondern zutiefst zerstritten – was nicht nur Richter schmerzt.

Dieser umkreist erinnernd die eigene Kindheit und durchmustert Texte, die vor ihm schon versuchten, Dresdens mentalitäre Verfasstheit wenn schon nicht auf den Begriff, so doch zumindest ans Licht zu bringen. Sein Blick aufs Städtele ist folglich literatur- und kunsthistorisch gesättigt (kommt er doch aus Dresden!), profitiert jedoch ersichtlich davon, dass der Autor schon länger nicht mehr hier lebt. So ist ein weiteres Subthema des Essays das Weggehen und die Erfahrung, dass man dabei so manches von zu Hause mitnimmt (was den Untertitel erklärt) und die alte Heimat anders sehen lernt. Amerikanische Erfahrungen mit Fremdheit und Multikulturalität lassen den Autor auf ähnliche Phänomene in Dresden/Sachsen/Deutschland gelassener schauen; doch es bleibt ein verstörtes Erstaunen über die Unruhen im sächsisch-dresdnerischen Geist, die durch Asyl, Migration und den entsprechenden Medien-Hype ausgelöst wurden.

Der Text endet mit Wünschen, Hoffnungen und der unverstellten Liebeserklärung an diese Stadt am Strom (bitte dringend lesen!). Und wir lernen, dass es auch oder gerade Liebe sein kann, die uns einen Ort kritisieren lässt, der »einen nicht fortlässt«. Verachtung jedenfalls führt zu Hass und Wut – davon aber hat Dresden schon genug.

Justus H. Ulbricht

Hans Nadler (1910–2005)
Ein Leben in fünf Staatsordnungen. Ein Leben für die sächsische Kulturlandschaft
hrsg. vom Verein ländliche Bauwerte in Sachsen e.V., zusammengestellt von Manfred Hammer
Dresden 2016, 260 Seiten, 34,50 €

Hans Nadler, der als sächsischer Denkmalpfleger schon zu DDR-Zeiten für Insider eine Legende verkörperte, war erst recht am Ende seines langen, 95 Jahre währenden Lebens eine Art Jahrhundertzeuge geworden. 1945 hatte er in einem Trümmerfeld, das Dresden hieß, sein uferloses Amt begonnen – sechs Jahrzehnte später konnte er 2005 (schon im Rollstuhl sitzend) jene wiederaufgebaute Frauenkirche erleben, deren Rückgewinnung zu den großen utopischen Hoffnungen seines Lebens gehörte. Was für eine Biografie! Sie begann im deutschen Kaiserreich und endete, von Ehrungen überhäuft, im wiedervereinigten Deutschland im neuen Jahrtausend. Kann man eine Geschichte in dieser Dimension überhaupt erzählen? Gelungen ist der Bericht deshalb, weil ihr Exponent sich selbst nie als Repräsentant empfand, sondern immer gut protestantisch als ein Mensch, der seine Pflicht erfüllt.
Seine Tochter Gisela Rudat hat diese Lebensgeschichte unprätentiös und gradlinig und so gut, wie es die familiäre Überlieferung ermöglicht, für dieses Buch aufgeschrieben. Das füllt etwa die Hälfte des Bandes, dessen zweiter Teil (wie eine Ehrengabe) aus gut zwei Dutzend kurzen persönlichen Berichten von Freunden und Kollegen gebildet wird. Das Buch will also ausdrücklich kein Fachbuch sein, kein Kompendium der Geschichte sächsischer Denkmalpflege nach dem Krieg (das hat vor fünf Jahren Heinrich Magirius eindrucksvoll erarbeitet), sondern vor allem ein Erinnerungsband, um – wie es im Vorwort heißt – Hans Nadler »im öffentlichen Bewusstsein« zu halten. Es steht dahin, wie nötig diese Ermahnung ist, aber die Edition bietet für die vielen Freunde des Dresdner Ehrenbürgers eine fraglos empathische Vergegenwärtigung.
Hans Nadlers Leben war außergewöhnlich und normal zugleich. Einer behüteten Kindheit in Gröden bei Elsterwerda (mit hübschen Verwechslungsepisoden der Zwillinge Hans und Fritz) folgten Schule und Gymnasium im benachbarten Dresden. Der sportliche Hans, passionierter Radfahrer, findet früh zu den Pfadfindern, was lebensprägend wird. 1931 beginnt er ein Architekturstudium an der Technischen Hochschule, arbeitet nebenher im Landesamt für Denkmalpflege und an der Seite von Heinrich Sulze in Pompeij – auch das ein Grunderlebnis für den wissbegierigen jungen Mann. Bildungswege waren damals Reisewege. 1940 verkehren sie sich ins Gegenteil: Hans Nadler wird Soldat, kommt nach Frankreich und überlebt, während sein Bruder 1942 in Stalingrad fällt – ein großes Trauma, nachhaltig wie das Erlebnis des zerstörten Dresdens im März 1945. Die Nachkriegsgeschichte wird dann zur eigentlichen Berufsgeschichte Hans Nadlers, die aber 1946 beinahe beendet ist, weil ihm ein russischer Soldat einen Bauchschuss verpasst – daher der behänd gehandhabte Stock des Denkmalpflegers, der 1949 zum Chef des Amtes avanciert.
Hans Nadler heiratet, Tochter Gisela kommt zur Welt und die immense, Jahrzehnte währende Millimeterarbeit um den Erhalt sächsischer Denkmale nimmt ihren Anfang – oft vor allem ein Kampf gegen die Ignoranz der Funktionäre. Hans Nadler, seit 1969 (nach langem Gezerre) Professor für Denkmalpflege an der TU, hat ihn mit stoischer Geduld, viel Raffinesse und legendärem Mutterwitz geführt. Wie oft blieb er trotzdem nur »zweiter Sieger«.
Davon berichten dann die Freunde und Mitstreiter von einst, u.a. Dietrich Berger, Jürgen Schieferdecker, Dieter Schölzel, Manfred Wagner – viele von ihnen ihrerseits längst anerkannte Fachleute. Begegnungen in Torgau, Meißen, Mühlberg, Görlitz, Grimma werden geschildert; die »Ehrenamtlichen« erzählen von Ermutigungen im Kulturbund, Hochschulkollegen von Zermürbungen im Ministerium; Schüler von beglückenden Exkursionen quer durch das Land. Ein vielfarbiges Alltagsbild sächsischer Denkmalpflege in der DDR kommt so zustande, mal pointiert und episodenreich (z.B. bei Gerhard Glaser), gelegentlich aber auch etwas redundant erzählt. Eine besondere Kultur des Bewahrens ist damals entstanden – in ihrem Zentrum ein kleiner schmächtiger Mann mit Stock und hoher Stimme und einer rätselhaften Energie. Nur selten schimmern emotionale Ambivalenzen durch die Berichte – vor allem, als ihn am Ende des Lebens ein cleverer West-Notar aus seinem Refugium am Loschwitzer Weinberg vertreibt. Nadlers gewitzter Widerstand gegen die Zumutungen der Zeit war immer geerdet wie einst bei Bruder Diogenes.

Hans-Peter Lühr

Gesamtverzeichnis Dresdner Hefte

1 (1983)* Dresden im 19. Jahrhundert
2 (1983)* Ehrenfried Walther von Tschirnhaus 1651 – 1708
3 (1984)* Absolutismus in Sachsen
4 (1984)* Langfristige Orientierung Kulturelles Erbe und revolutionäre Traditionen im Bezirk Dresden
5 (1985)* Das kulturhistorische Dresden von 1830 bis 1871
6 (1985)* Sozialentwicklung in Dresden nach 1830
7 (1985)* Heinrich Schütz
8 (1985)* Vom kulturellen Anfang im Raum Dresden nach der Befreiung vom Hitlerfaschismus
9 (1986)* Von Gottes gnaden Augustus – Hertzog zu Sachssen, Churf.
10 (1986)* Wirken und Wirkung Zur Kunstentwicklung im Dresden der fünfziger Jahre (20. Jh.)
11 (1987)* Zur Kunstentwicklung in Dresden im zweiten Drittel des 18. Jahrhunderts
12 (1987)* Beiträge zur sächsischen Schulgeschichte
13 (1987)* Johann Gottlob von Quandt und die kulturelle Emanzipation des Dresdner Bürgertums
14 (1988)* Expressionismus in Dresden im ersten Viertel unseres Jahrhunderts
15 (1988)* Sachsen und die Wettiner (historischer Abriss)
16 (1988)* Dresdner Kultur im letzten Drittel des 18. Jahrhunderts (Teil I)
17 (1988)* Dresdner Kultur im letzten Drittel des 18. Jahrhunderts (Teil II)
18 (1989)* Carl Gustav Carus 1789 – 1869
19 (1989)* 1789 – Zeichen der Zeit (Die Wirkung der Französischen Revolution auf Sachsen)
20 (1989)* Von der Residenz zur Großstadt Aspekte kultureller Entwicklung von 1871 bis 1918
21 (1990)* Zur Festkultur des Dresdner Hofes
22 (1990)* Rudolf Mauersberger 1889 – 1971 Protokoll der wissenschaftlichen Konferenz zum 100. Geburtstag
23 (1990)* Auf der Suche nach Zukunft Das Beispiel Pieschen
24 (1990)* Die Residenz des sächsischen Königreiches in der bürgerlichen Umwälzung von 1830 bis 1871
25 (1991)* Die zwanziger Jahre Stadtkultur in Dresden
26 (1991)* »Dem Mute aller Sachsen anvertraut« Landesverfassung und Reformen in Sachsen nach 1831
27 (1991)* Repräsentation und Historismus Dresden am Ende des 19. Jahrhunderts
28 (1991)* Wiederaufbau und Dogma Dresden in den fünfziger Jahren (erw. Nachdruck 1995)
29 (1992)* Um die Vormacht im Reich Christian I., Sächsischer Kurfürst 1586 – 1591
30 (1992)* Schola crucis, schola lucis? Tradition und Neubestimmung von Kreuzschule und Kreuzchor
31 (1992)* Die knisternde Idylle Dresden in den sechziger Jahren
32 (1992)* Die Dresdner Frauenkirche Geschichte – Zerstörung – Rekonstruktion
33 (1993)* Johann Georg II. und sein Hof Sachsen nach dem Dreißigjährigen Krieg
34 (1993)* Die Loschwitz-Pillnitzer Kulturlandschaft
35 (1993)* Dresden 1933 – 1945 Zwischen Verblendung und Angst
36 (1993)* Reformdruck und Reformgesinnung Dresden vor dem Ersten Weltkrieg
37 (1994)* Dresden in der Napoleonzeit
38 (1994)* Das Dresdner Schloss Geschichte und Wiederaufbau
39 (1994)* Dresden in der Weltwirtschaftskrise

40 (1994)* Dresden und Italien
Kulturelle Verbindungen über vier Jahrhunderte
41 (1995)* Dresden – Das Jahr 1945
42 (1995) Die Moritzburger Kulturlandschaft
43 (1995)* Der Dresdner Maiaufstand von 1849
44 (1995)* Der Dresdner Neumarkt – Auf dem Weg zu einer städtischen Mitte
45 (1996)* Zwischen Integration und Vernichtung
Jüdisches Leben in Dresden im 19. und 20. Jahrhundert
46 (1996)* Der stille König
August III. zwischen Kunst und Politik
47 (1996) Großes Ostragehege / Friedrichstadt
Geschichte und Entwicklungschancen
48 (1996)* Böhmen und Sachsen
Momente einer Nachbarschaft
49 (1997)* Sammler und Mäzene in Dresden
50 (1997)* Polen und Sachsen
Zwischen Nähe und Distanz
51 (1997) Gartenstadt Hellerau
Der Alltag einer Utopie
52 (1997)* Kurfürst Moritz und die Renaissance
53 (1998) Dresden als Garnisonstadt
54 (1998)* Kulturlandschaft Lößnitz–Radebeul
55 (1998) Geschichten vom Sport in Dresden
56 (1998) Sachsen im Dreißigjährigen Krieg
57 (1999) Zwischen Nationalismus und »singender Revolution«
Visionen des 20. Jahrhunderts in Dresden
58 (1999)* Dresden und die Anfänge der Romantik
59 (1999) »Wir treten aus unseren Rollen heraus« – Die Bürgerbewegung 1989/90 in Dresden
60 (1999) Streifzüge durch die Dresdner Justiz
61 (2000) Industriestadt Dresden?
Wirtschaftswachstum im Kaiserreich
62 (2000) Caroline, Berta, Gret und die anderen – Frauen und Frauenbewegung in Dresden
63 (2000) Große Ausstellungen um 1900 und in den zwanziger Jahren
64 (2000) Die Verschwörung zum Guten
Freimaurerei in Sachsen
65 (2001) Dresden im Mittelalter
66 (2001) Johann Gottlieb Naumann
Komponist in vorromantischer Zeit
67 (2001) Von der Natur der Stadt
Lebensraum Dresden
68 (2001) Sachsen und Dresden
im Siebenjährigen Krieg
69 (2002) Refugium Schloss
Kulturelle Zirkel im Dresdner Umland um 1800
70 (2002) Großbritannien und Sachsen
Erfahrungen gemeinsamer Kultur
71 (2002) Die Dresdner Frauenkirche
Geschichte ihres Wiederaufbaus
72 (2002) Unruhe über der Stadt
Dresden und der Expressionismus
73 (2003) Das albertinische Sachsen und die Reformation
74 (2003) Russland und Sachsen in der Geschichte
75 (2003)* Der Architekt und die Stadt
Gottfried Semper zum 200. Geburtstag
76 (2003) Verlage in Dresden
77 (2004) Die Ausstellung »Entartete Kunst« und der Beginn der NS-Kulturbarbarei in Dresden
78 (2004) Die Schweiz und Sachsen in der Geschichte
79 (2004) Theater in Dresden
80 (2004) Das »Rote Königreich« und sein Monarch
81 (2005) Großstadt des Sozialismus?
Dresden in den siebziger Jahren
82 (2005) Kinos, Kameras und Filmemacher
Filmkultur in Dresden
83 (2005) Österreich und Sachsen in der Geschichte
84 (2005) Mythos Dresden
85 (2006) Deutung und Ideologie – Wandlungen städtischer Geschichtsbilder
86 (2006) Dresden – Stadt der Wissenschaften
87 (2006) Rückkehr der Kunst
88 (2006) Dresden – der Blick von außen
89 (2007) Armut in der reichen Stadt
90 (2007) In Wanderkluft und Uniform
Jugendbewegung in Sachsen
91 (2007) Im Selbsthilfeprinzip
Genossenschaftswesen in Dresden
92 (2007) Stadtvisionen für Dresden
vom Barock bis zur Gegenwart
93 (2008) Bürgertum und Bürgerlichkeit in Dresden
94 (2008) Dresdner Elbbrücken in acht Jahrhunderten

Sonderausgaben

* vergriffen.
Die Hefte 1 bis 25 sind als Kopie über die Redaktion erhältlich. Preis 5 €.
Die Dresdner Hefte 1 bis 50 stehen in der digitalen Bibliothek der SLUB Dresden zur Verfügung.
Bis Ausgabe 108 kosten die Dresdner Hefte 4 €, danach 5 €, Sonderhefte 7 €.

Zuletzt sind erschienen:

Autorenverzeichnis

Dr. Gerhard Barkleit
Wilhelm-Weitling-Straße 42 A
01259 Dresden

Michael Beleites
Kirchweg 2, 01723 Blankenstein

Jürgen Bönninger
Dresdner Straße 137, 01326 Dresden

Prof. Dr. Winfried Halder
Gerhart-Hauptmann-Haus
Bismarckstraße 90, 40210 Düsseldorf

Prof. em. Dr. Eckhard Jesse
TU Chemnitz – Institut für Politikwissenschaft
Thüringer Weg 9, 09126 Chemnitz

Dr. Rainer Karlsch
Bürogemeinschaft KCG
Am Festungsgraben 1, 10177 Berlin

Hans-Peter Lühr
Staffelsteinstraße 23, 01326 Dresden

Dipl.-Volkswirt Georg Moeritz
Sächsische Zeitung, Wirtschaftsredaktion
Ostra-Allee 20, 01067 Dresden

Peter G. Nothnagel
Wirtschaftsförderung Sachsen GmbH
Bertolt-Brecht-Allee 22, 01309 Dresden

Dipl.-Ing. Tanja Scheffler
TU Dresden, Fakultät Architektur
Institut für Baugeschichte
01062 Dresden

Quellen

Foto-/Abbildungsnachweis
Archiv der FSD: S. 75, 76, 77, 78
Archiv Maria Jacobi: S. 46, 47
Archiv der Sächsischen Zeitung, Dresden: S. 65, 66, 71
Michael Beleites: S. 45
Bundesarchiv Koblenz: S. 40
Deutsche Fotothek/SLUB, Dresden: U1, U2, S. 7, 9, 11
Steffen Giersch: S. 44
Greenpeace Deutschland: S. 51
Mathias-Domaschk-Archiv, Berlin: S. 49
Museen der Stadt Dresden/Technische Sammlungen: S. 16, 18, 19, 20
Stadtplanungsamt Dresden: S. 33, 35, 36, 38, 39, U4
Wirtschaftsförderung Sachsen: S. 55, 57, 59, 61

Titel
Gläserne VW-Manufaktur
in Dresden, Abendaufnahme

Rückseite
Entwurfszeichnung der Planungen
in Dresden-Prohlis (1974).
Die Flachbauten in der Mittelachse
wurden nicht realisiert.

Impressum

Herausgeber
Dresdner Geschichtsverein e.V.
Wilsdruffer Straße 2, 01067 Dresden
Telefon und Fax (03 51) 495 60 74
info@dresdner-hefte.de
www.dresdner-hefte.de

Redaktionelle Mitarbeit
Sabine Beetz

Redaktionsschluss
22. November 2016

Bezug
Abonnements sind bei der Redaktion anzumelden. Direktbezug im Dresdner Buchhandel und über das Internet.

Herstellung
Sandstein Kommunikation GmbH, Dresden

Amt für Kultur und Denkmalschutz

Dresden.

Wir danken der Stoba-Druck GmbH für 25 Jahre gute Zusammenarbeit und die Spende für dieses Heft. Weiterhin auf gute Kooperation!